ESTRATÉGIA, CORE COMPETENCE E MUDANÇA ORGANIZACIONAL

O selo DIALÓGICA *da Editora InterSaberes faz referência às publicações que privilegiam uma linguagem na qual o autor dialoga com o leitor por meio de recursos textuais e visuais, o que torna o conteúdo muito mais dinâmico. São livros que criam um ambiente de interação com o leitor – seu universo cultural, social e de elaboração de conhecimentos –, possibilitando um real processo de interlocução para que a comunicação se efetive.*

Estratégia, core competence e mudança organizacional

Moriel Savagnago
Fábio Vizeu

Rua Clara Vendramin, 58
Mossunguê, Curitiba, Paraná, Brasil
CEP 81200-170
Fone: (41) 2106-4170
www.intersaberes.com
editora@editoraintersaberes.com.br

Conselho editorial – Dr. Ivo José Both (presidente)
Drª. Elena Godoy
Dr. Neri dos Santos
Dr. Ulf Gregor Baranow

Editora-chefe – Lindsay Azambuja

Gerente editorial – Ariadne Nunes Wenger

Preparação de originais – Gilberto Girardello Filho

Edição de texto – Arte e Texto Edição e Revisão de Textos
Palavra do Editor
Mycaelle Sales

Capa – Sílvio Gabriel Spannenberg

Projeto gráfico – Raphael Bernadelli

Diagramação – Fabiola Penso

Equipe de design – Sílvio Gabriel Spannenberg
Charles L. da Silva

Iconografia – Sandra Lopis da Silveira
Regina Claudia Cruz Prestes

Informamos que é de inteira responsabilidade dos autores a emissão de conceitos.

Nenhuma parte desta publicação poderá ser reproduzida por qualquer meio ou forma sem a prévia autorização da Editora InterSaberes.

A violação dos direitos autorais é crime estabelecido na Lei n. 9.610/1998 e punido pelo art. 184 do Código Penal.

Foi feito o depósito legal.
1ª edição, 2020.

Dados Internacionais de Catalogação na Publicação (CIP)
(Câmara Brasileira do Livro, SP, Brasil)

Savagnago, Moriel
  Estratégia, core competence e mudança organizacional/Moriel Savagnago, Fábio Vizeu. – 1. ed. – Curitiba: Editora Intersaberes, 2020. – (Série Administração Estratégica)

  Bibliografia
  ISBN 978-65-5517-589-9

  1. Administração de empresas 2. Competência 3. Estratégia organizacional 4. Mudança organizacional – Administração I. Vizeu, Fábio. II. Título III. Série.

20-35972   CDD-658.4063

Índices para catálogo sistemático:
1. Mudanças organizacionais: Administração de empresas 658.4063

Maria Alice Ferreira – Bibliotecária – CRB-8/7964

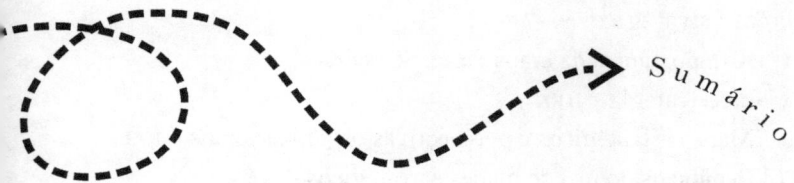

Apresentação - 9

Como aproveitar ao máximo este livro - 13

Introdução - 19

1. Estratégia em um ambiente competitivo - 23
   1.1 Visão geral do conceito de estratégia - 26
   1.2 Estratégias competitivas - 29
   1.3 Ferramentas para a análise das cinco forças - 37
   1.4 Colocando em prática a perspectiva das cinco forças de Porter - 44
   1.5 Estratégias genéricas de Porter - 48
   1.6 Cadeia de valor - 54

2. Estratégias corporativas - 63
   2.1 Definindo estratégias corporativas - 66
   2.2 Diversificação - 67
   2.3 Alianças estratégicas - 76
   2.4 Internacionalização - 88

3. Mapas estratégicos ~ 97
   3.1 A importância da etapa de implementação da estratégia ~ 100
   3.2 Mapas estratégicos e perspectivas organizacionais ~ 102
   3.3 Benefícios do uso de mapas estratégicos ~ 115

4. Balanced Scorecard (BSC) ~ 121
   4.1 Mapa estratégico: Balanced Scorecard (BSC) ~ 124
   4.2 As perspectivas do BSC ~ 127
   4.3 Objetivos estratégicos ~ 129
   4.4 Indicadores de desempenho ~ 131
   4.5 Construindo o BSC ~ 138
   4.6 Gerenciando a estratégia ~ 144

5. *Core competences* ~ 155
   5.1 A perspectiva das competências em estratégia ~ 158
   5.2 *Core competence* e vantagem competitiva ~ 159
   5.3 Definindo competências ~ 161
   5.4 Incorporando a perspectiva da competência essencial na elaboração da estratégia ~ 177
   5.5 Desenvolvendo novas competências essenciais ~ 185
   5.6 Visão baseada em recursos (VBR) ~ 189
   5.7 Identificando recursos estratégicos ~ 200
   5.8 Explorando a vantagem competitiva na VBR ~ 209

6. Mudança organizacional: a essência da estratégia - 225
    6.1   A estratégia como gestão para a mudança - 228
    6.2   Estratégia e mudança - 231
    6.3   Forças para a mudança - 237
    6.4   Resistência à mudança - 240
    6.5   Gestão da mudança: planejamento, implementação e processos de controle - 244

Estudo de caso - 265

Considerações finais - 269

Referências - 271

Respostas - 279

Sobre os autores - 297

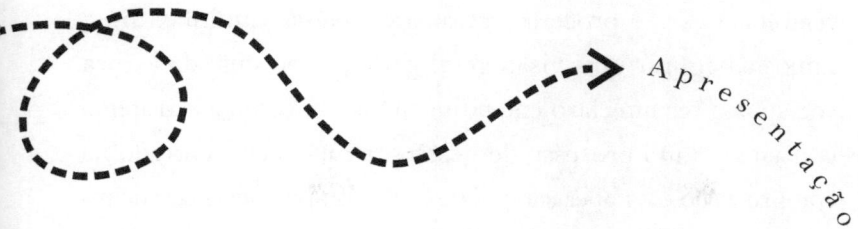

Apresentação

Este é um livro de muitas dimensões. Se o leitor deseja uma obra que lhe ofereça conteúdos fundamentais sobre a prática e a pesquisa da gestão estratégica, encontrará aqui um bom apoio. Por outro lado, este material não foi escrito para ser um simples manual de estratégia; ele procura ir além, buscando levantar questões que nem sempre são consideradas pelos manuais tradicionais.

Portanto, a grande contribuição desta obra é, justamente, fazer uma ponte entre a estratégia e a perspectiva de competências, com destaque para o conceito central do campo, denominado *core competences* – que pode ser traduzido como "competências essenciais". Assim, o livro foi construído com uma estrutura específica, sendo mais proveitoso acompanhar a sequência definida pelos capítulos a fim de aproveitar ao máximo a proposta de aprendizado que ele enseja.

Não tivemos a pretensão de tratar de forma profunda os conceitos e outros tópicos aqui apresentados. Na realidade, nosso propósito foi oferecer uma primeira noção sobre os muitos assuntos enfocados – conceitos centrais, características e modelos de referência para o processo estratégico. Nesse caminho, intentamos assegurar uma visão geral para que, ao final da leitura, você possa ter um claro entendimento sobre como a estratégia consiste em um processo de gestão da mudança, centrado na compreensão e na operacionalização de competências essenciais para a competição.

Para aqueles já versados no tema, esta obra será um convite para a reflexão sobre pontos importantes para o estudo no campo em questão, especialmente aqueles que dizem respeito à abordagem de competências aplicadas à perspectiva da estratégia. Diante de um universo muito vasto de manuais de estratégia, buscamos fazer uma abordagem sintética e analítica, apresentando alguns dos pontos mais relevantes e conectando-os de forma coerente e aplicável. Dessa maneira, qualquer profissional que atue em organizações dos setores privado ou público poderá tirar proveito desta obra, na medida em que se tornará habilitado a desenvolver o pensamento estratégico mediante a ideia de competências essenciais. Dito de outro modo, mais importante que saber fazer tudo o que contribui para o desenvolvimento das atividades de gestão é conhecer o que é prioritário e, por isso mesmo, precisa de maior atenção do que outros pontos. Essa é a filosofia e o diferencial deste livro.

Além das seções iniciais e do capítulo de conclusão, esta obra é composta por seis capítulos, estruturados de forma a permitir que você reflita sobre os conceitos mais importantes para a abordagem estratégica de competências essenciais e entenda a forma como tais conceitos se traduzem no processo estratégico por meio de determinadas ferramentas de operacionalização.

Assim, iniciamos o Capítulo 1 com a discussão sobre os conceitos fundamentais que explicam a prática da estratégia organizacional em ambientes competitivos contemporâneos. Desse modo, recorremos aos autores mais celebrados da perspectiva da estratégia competitiva, com destaque para o renomado pesquisador Michael Porter.

No Capítulo 2, tratamos da ideia de estratégia corporativa, um nível acima do conceito de estratégia empresarial ou de negócios. No contexto da globalização, em que as grandes corporações transacionais dominam o jogo da competitividade, faz-se necessário que o estudante da gestão estratégica tenha um domínio mínimo dos conceitos relacionados ao desenvolvimento e à implementação de estratégias corporativas, os quais estão conectados às ideias de integração, diversificação e cooperação em mercados relacionados.

No Capítulo 3, apresentamos nosso primeiro esforço de tradução dos conceitos teóricos em uma operacionalização prática: a elaboração de mapas estratégicos. Estes representam a tradução de objetivos e diretrizes estratégicas em quatro campos de atividades da empresa, conectados entre si em relações de causa e efeito. Com esse modelo, é possível traduzir objetivos gerais e de longo prazo em indicadores mais específicos, vinculados às áreas funcionais da organização.

No Capítulo 4, expandimos o modelo de mapas estratégicos para a ferramenta de controle estratégico que lhe deu notabilidade, o *Balanced Scorecard* (BSC), sistema desenvolvido por Robert Kaplan e David Norton. Ao tratarmos das linhas gerais do BSC, explicamos como esse sistema de gestão estratégica integra o planejamento e o operacionaliza em indicadores claros e práticos de desempenho, traduzidos nas quatro perspectivas descritas no Capítulo 3.

Já nos Capítulos 5 e 6, retomamos a discussão sobre princípios e conceitos centrais para a gestão estratégica baseada nas competências essenciais. Para isso, no Capítulo 5, abordamos diretamente o tema central do livro: a ideia de competências essenciais. Partimos do conceito mais geral para, em seguida, tratarmos da diferença entre as dimensões individual e organizacional e, finalmente, de forma específica, da ideia de competências essenciais e vantagem competitiva. Esse capítulo assume a conhecida abordagem de estratégia denominada *visão baseada em recursos* (VBR), cujos princípios fundamentais também foram apresentados.

Por fim, no Capítulo 6, discutimos outro argumento central do livro: o de que a estratégia representa uma prática de gestão para a mudança. Ao partirmos dessa premissa, recuperamos aspectos fundamentais da gestão da mudança, bem como ferramentas gerenciais úteis nesse processo. Ao encerrarmos o conteúdo do livro com esse tema, a intenção é mostrar que o processo de gestão estratégica é dinâmico e está em constante aprimoramento; por isso, o profissional interessado nessa prática deve ter em mente que seu desenvolvimento é contínuo e permanente. Para o aprimoramento profissional, o estudo continuado é a grande fonte de vantagem competitiva, pois estabelece aquela que é sua competência essencial: a capacidade de inovar e transformar a realidade das organizações para aumentar sua competitividade.

Tenha uma excelente leitura e aproveite o livro com sabedoria!

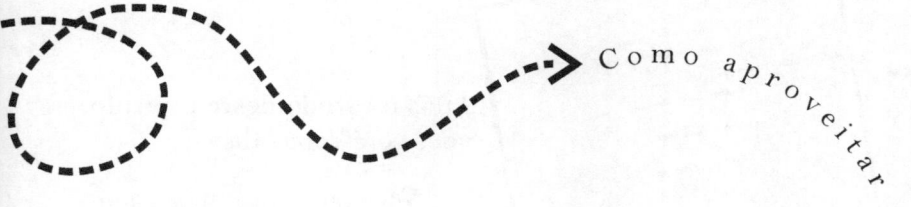
Como aproveitar ao máximo este livro

Este livro traz alguns recursos que visam enriquecer seu aprendizado, facilitar a compreensão dos conteúdos e tornar a leitura mais dinâmica. São ferramentas projetadas de acordo com a natureza dos temas que vamos examinar. Veja a seguir como esses recursos se encontram distribuídos no decorrer desta obra.

Conteúdos do capítulo

Logo na abertura do capítulo, você fica conhecendo os conteúdos que serão nele abordados.

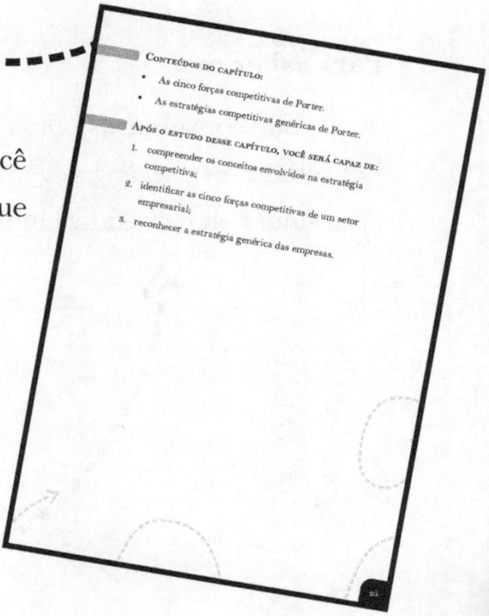

> **CONTEÚDOS DO CAPÍTULO:**
> - As cinco forças competitivas de Porter.
> - As estratégias competitivas genéricas de Porter.
>
> **APÓS O ESTUDO DESSE CAPÍTULO, VOCÊ SERÁ CAPAZ DE:**
> 1. compreender os conceitos envolvidos na estratégia competitiva;
> 2. identificar as cinco forças competitivas de um setor empresarial;
> 3. reconhecer a estratégia genérica das empresas.

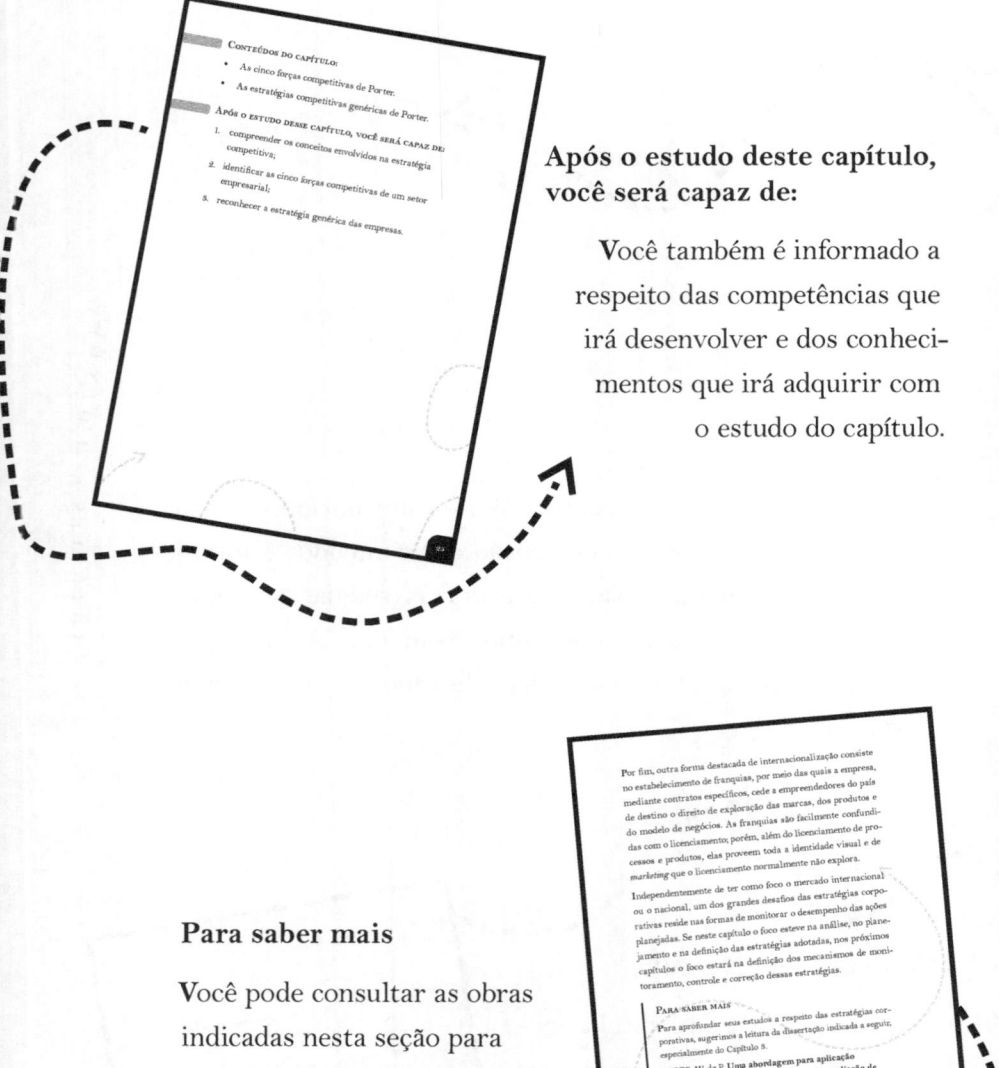

Após o estudo deste capítulo, você será capaz de:

Você também é informado a respeito das competências que irá desenvolver e dos conhecimentos que irá adquirir com o estudo do capítulo.

Para saber mais

Você pode consultar as obras indicadas nesta seção para aprofundar sua aprendizagem.

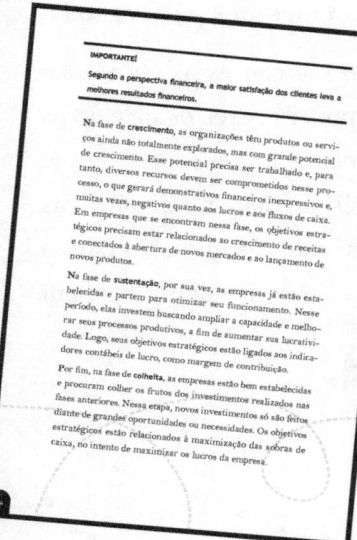

> **Importante!**
> Algumas das informações centrais para a compreensão da obra aparecem nesta seção. Aproveite para refletir sobre os conteúdos apresentados.

Síntese

Ao final de cada capítulo, relacionamos as principais informações nele abordadas a fim de que você avalie as conclusões a que chegou, confirmando-as ou redefinindo-as.

Questões para revisão

Ao realizar estas atividades, você poderá rever os principais conceitos analisados. Ao final do livro, disponibilizamos as respostas às questões para a verificação de sua aprendizagem.

Questões para reflexão

Ao propor estas questões, pretendemos estimular sua reflexão crítica sobre temas que ampliam a discussão dos conteúdos tratados no capítulo, contemplando ideias e experiências que podem ser compartilhadas com seus pares.

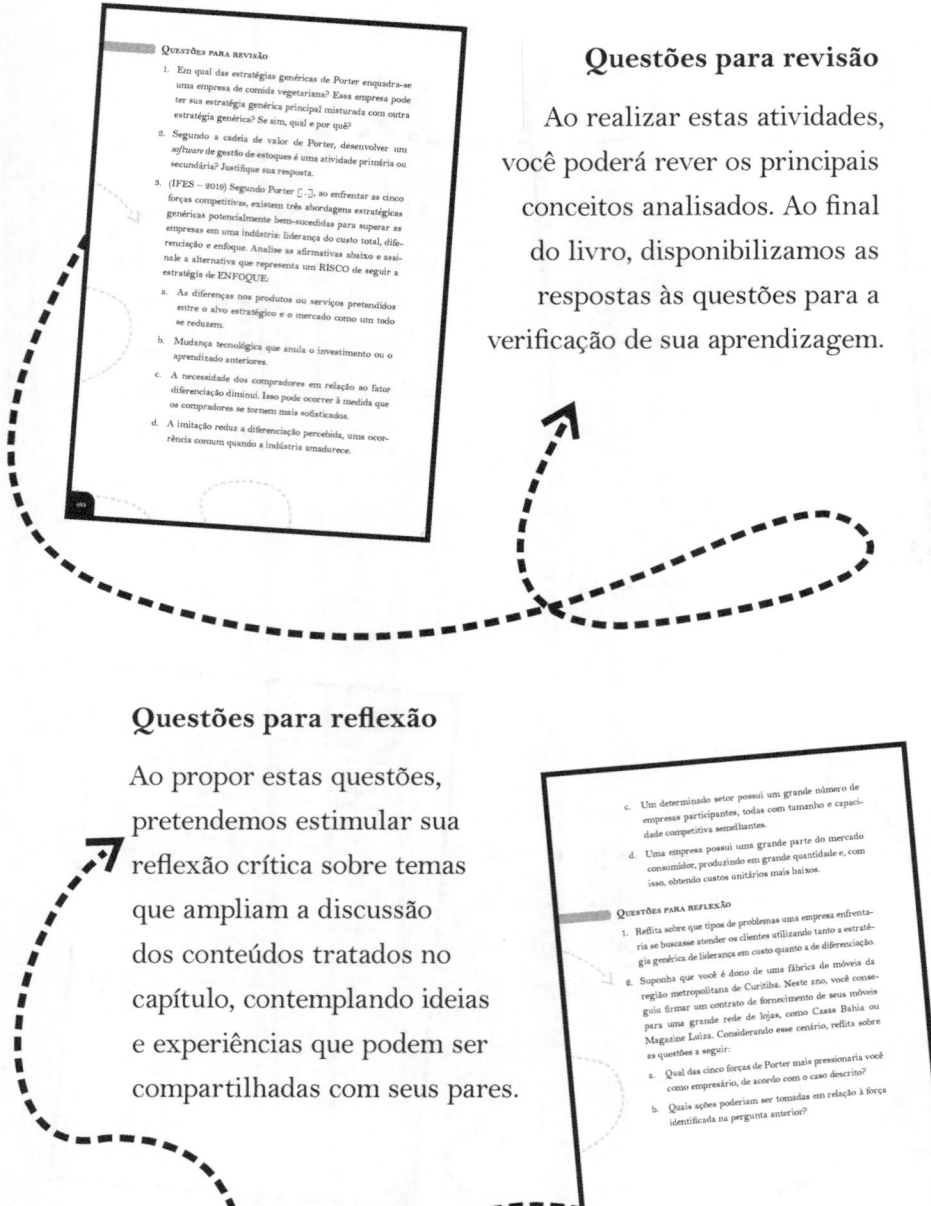

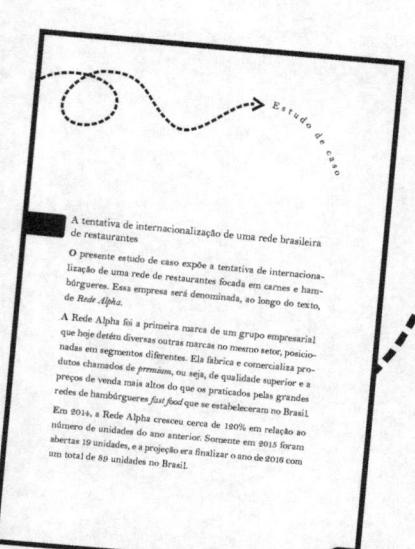

A tentativa de internacionalização de uma rede brasileira de restaurantes

O presente estudo de caso expõe a tentativa de internacionalização de uma rede de restaurantes focada em carnes e hambúrgueres. Essa empresa será denominada, ao longo do texto, de *Rede Alpha*.

A Rede Alpha foi a primeira marca de um grupo empresarial que hoje detém diversas outras marcas no mesmo setor, posicionadas em segmentos diferentes. Ela fabrica e comercializa produtos chamados de *premium*, ou seja, de qualidade superior e a preços de venda mais altos do que os praticados pelas grandes redes de hambúrgueres *fast food* que se estabeleceram no Brasil.

Em 2014, a Rede Alpha cresceu cerca de 120% em relação ao número de unidades do ano anterior. Somente em 2015 foram abertas 19 unidades, e a projeção era finalizar o ano de 2016 com um total de 89 unidades no Brasil.

Estudo de caso

Nesta seção, relatamos situações reais ou fictícias que articulam a perspectiva teórica e o contexto prático da área de conhecimento ou do campo profissional em foco com o propósito de levá-lo a analisar tais problemáticas e a buscar soluções.

Introdução

Nenhuma outra área de conhecimento tem sido tão importante para a prática administrativa quanto a estratégia. Seja na pesquisa acadêmica, seja na prática empresarial, o conhecimento teórico e prático da gestão estratégica tem sido fundamental para o sucesso das organizações. Por isso mesmo, esse campo tem se desenvolvido rapidamente nos últimos anos, influenciando outras áreas funcionais da administração. É por essa razão que ouvimos falar em estratégias de *marketing*, planejamento estratégico de recursos humanos, estratégia de financiamento etc.

Por conta da importância da área de estratégia, existem diversos livros acadêmicos sobre o assunto. Diferentes autores no mundo inteiro tentam ensinar aos estudantes e profissionais de gestão como desenvolver o processo estratégico, de que forma realizar um diagnóstico ambiental capaz de predizer cenários, e quais são as estratégias de sucesso das grandes empresas. Por esses e outros objetivos pretensamente práticos, esses livros, em sua maioria, estruturam-se como verdadeiros manuais gerais e amplos sobre a prática de gestão estratégica.

Todavia, as pesquisas de cunho científico têm revelado que esse campo de estudos é muito mais amplo e diversificado do que sugere a maioria dos manuais. Outro aspecto importante revelado pelos estudiosos da temática referente à estratégia é que o consenso nem sempre é uma marca entre os autores. Existem diferentes abordagens, bem como diversas perspectivas de prescrição sobre como abordar o processo estratégico. Essas diferentes visões e propostas competem entre si na vasta literatura do campo, e isso nem sempre é percebido pelos estudantes e profissionais que se valerão desse conhecimento. Muitas vezes, a diversidade de modelos, esquemas, conceitos e ferramentas analíticas sobre estratégia mais confunde do que ajuda a quem pretende atuar nessa prática.

Por essa razão, faz-se necessário assumir, de maneira mais clara, quais são os fundamentos teórico-analíticos que guiam aquilo que se prescreve nos livros sobre o assunto. Ou seja, sem ter a pretensão de esgotar todos os caminhos possíveis nesse amplo campo de estudos e conhecimento, um bom livro de estratégia deve apresentar suas abordagens de forma direta, evidenciando uma posição quanto àquilo que se considera como fundamental diante da multiplicidade de perspectivas existentes.

É justamente isso que pretendemos com este livro. Por isso, esta obra não se configura como mais um manual repleto de modelos, conceitos e fórmulas para a prática de gestão estratégica, com a pretensão de cobrir todas as abordagens possíveis na área. Pelo contrário, o presente texto nasceu como uma proposta de estudo sobre o processo estratégico centrado em um fundamento incrivelmente poderoso para a efetiva prática da estratégia: o conceito de *core competence*, isto é, a ideia de que a estratégia se articula com base na competência essencial da empresa. Nessa direção, um dos objetivos do livro é, justamente, explicar por que esse é o fundamento mais importante da estratégia e como ele pode nortear a prática da gestão, de maneira a promover o desenvolvimento da organização diante de um ambiente competitivo e em constante mudança.

Assim, por não se tratar de um manual de estratégia, como já salientamos, não pretendemos contemplar todos os temas da área. Por conseguinte, a estrutura deste livro foi definida com base na visão da estratégia como uma atividade ligada à análise, à construção, ao desenvolvimento e à manutenção das competências essenciais da organização, as quais garantem a vantagem competitiva desta no setor em que atua. Tendo isso em vista, tivemos o cuidado de conceituar os termos-chave norteadores desta obra – *estratégia* e *competência* – e apresentar uma breve discussão para esclarecer como esses termos se articulam.

Logo, a construção de nosso argumento parte da compreensão de que as organizações estão inseridas em um ambiente de competição e, por isso, é necessário que elas desenvolvam estratégias corporativas que articulem suas atividades. Para que essas estratégias sejam mais bem gerenciadas, é possível adotar mapas estratégicos, entre os quais destacamos aqui a metodologia do *Balanced Scorecard* (BSC). Esse processo de análise do ambiente, formulação da estratégia e elaboração do mapa que guiará a implementação da estratégia deverá ser norteado pela abordagem das *core compentences*. Por fim, o resultado de todo esse processo será o aperfeiçoamento da capacidade de gestão da mudança organizacional.

Estratégia em um ambiente competitivo

capítulo 1

Conteúdos do capítulo:

- As cinco forças competitivas de Porter.
- As estratégias competitivas genéricas de Porter.

Após o estudo desse capítulo, você será capaz de:

1. compreender os conceitos envolvidos na estratégia competitiva;
2. identificar as cinco forças competitivas de um setor empresarial;
3. reconhecer a estratégia genérica das empresas.

1.1

Visão geral do conceito de estratégia

Com o desenvolvimento tecnológico e o advento da globalização, o ambiente organizacional se transformou em um terreno tomado por mudanças que impactam diretamente o gerenciamento das organizações que o constituem. O tema **mudança** é largamente discutido atualmente, tanto na esfera acadêmica quanto na empresarial (Oliveira; Oliveira; Lima, 2016). No ambiente empresarial, por se tratar ainda de uma área em formação e sistematização do conhecimento especializado, existem diversas perspectivas acerca da temática.

Na perspectiva adotada nesta obra, buscamos compreender o processo estratégico sob a ótica das mudanças que se impõem ao contexto organizacional (Vizeu; Gonçalves, 2010; Mariotto, 2003; Silva et al., 2017). Esse imperativo da mudança está especialmente associado às pressões competitivas, um importante fator da dinâmica do ambiente de negócios. Nessa visão, o mecanismo de competição que pode ser ativado pelas empresas é o desenvolvimento de uma ação de amplo escopo para antecipar mudanças, de modo a desenvolver a capacidade de enfrentá-las de uma forma melhor em relação à postura adotada pelos concorrentes de seu setor econômico (Porter, 2008).

É assim que a estratégia envolvida na gestão da mudança consiste na compreensão e na operacionalização das competências voltadas para a competição das organizações. Esta é a primeira definição das competências essenciais no campo da estratégia: são as competências que tornam uma organização única e capaz de enfrentar as mudanças no cenário competitivo (Bonn, 2001).

Imerso nesse ambiente sujeito à mudança, o processo de administração estratégica, de acordo com Certo e Peter (1993), é composto por cinco etapas:

I. análise ambiental;
II. estabelecimento das diretrizes organizacionais;
III. formulação de estratégia;
IV. implementação de estratégia;
V. controle estratégico.

Assim, de maneira resumida, deve-se elaborar um amplo diagnóstico de fatores externos e internos, além de construir uma estratégia e, por fim, propor um conjunto de metas e ações a serem cumpridas para a consecução da estratégia, as quais deverão ser controladas e corrigidas, se necessário.

Entender de que maneira a estratégia é formulada a partir do diagnóstico e como servirá de guia para a elaboração de outros objetivos e planos de ação é fundamental para uma boa prática de gestão estratégica. Por isso, neste capítulo, teremos como principal objetivo abordar essa temática. No âmbito da literatura sobre estratégia, é comum o entendimento de que as ideias de estratégia competitiva – muito difundidas por meio da obra de Michael Porter – contrapõem-se ao modelo estratégico da visão baseada em recursos (VBR), tema do Capítulo 5 deste livro. Os principais argumentos vinculados a essa posição estão relacionados ao fato de que a abordagem porteriana surgiu de uma perspectiva econômica que não dá a devida atenção aos aspectos do ambiente interno das organizações, especialmente a ideia de recursos como fonte de vantagem competitiva.

Contudo, nesta obra, assumimos uma visão conciliadora entre a VBR e a perspectiva porteriana, principalmente aquela defendida por Barney e Hesterly (2007). Nesse intento, não há problemas em se adotar as ferramentas de análise competitiva de Michael Porter, pois elas orientam parte da análise e contribuem para tornar mais robusto o processo de diagnóstico dos recursos estratégicos. Por isso, neste capítulo, nossa ênfase residirá nos modelos porterianos para a formulação de estratégia competitiva.

Estratégia competitiva é uma expressão cunhada por Michael Porter, professor de gestão da Universidade de Harvard, que abordou seus principais temas no livro *Estratégia competitiva*, publicado originalmente em 1980. Nele, o autor aborda dois tópicos principais: a rivalidade entre concorrentes de um mesmo setor, a qual está sujeita a cinco forças (poder de barganha de fornecedores, poder de barganha de compradores, pressão de produtos substitutos, ameaça de novos entrantes e rivalidade entre empresas existentes), e as estratégias competitivas ou genéricas (liderança em custos, diferenciação e foco). Segundo o autor, para otimizar seus resultados, qualquer empresa deve ter clareza sobre em qual delas está calçada sua estratégia (Porter, 1980).

Esses dois temas – cinco forças do setor e estratégias genéricas – têm caráter complementar e, por isso mesmo, devem ser incorporados ao planejamento estratégico de forma conjunta. As cinco forças competitivas de Porter fazem parte do planejamento estratégico na medida que ajudam a monitorar a situação do ambiente externo que cerca a organização. Diante disso, ao se analisarem as oportunidades e as ameaças do ambiente, a metodologia apontará caminhos a serem explorados e outros que deverão ser evitados.

Já as estratégias genéricas, mesmo que muitas vezes sejam alcançadas pelas organizações de maneira não deliberada – isto é, como consequência de suas ações iniciais –, devem, sim, ser parte das estratégias definidas de maneira planejada. Assim, o monitoramento do planejamento estratégico começa a dar lugar para as definições estratégicas.

1.2
Estratégias competitivas

As estratégias ou forças competitivas de Porter completam a análise do ambiente organizacional, observando-se as forças externas que impactam as organizações. O modelo do autor americano ficou conhecido como **as cinco forças de Porter** (Vizeu; Gonçalves, 2010).

Segundo Porter (1980), toda empresa lida com um ambiente competitivo em que a presença de concorrentes gera uma rivalidade entre os atores, a qual norteia os caminhos para o sucesso da empresa. A essa força o autor denominou **rivalidade entre concorrentes**, a qual está relacionada às maneiras pelas quais os concorrentes de determinado setor[*] lidam com as outras

---

[*] Neste livro, chamamos de *setor* o que Porter identifica como *indústria* em seus escritos. O autor trata *indústria* como sinônimo de *setor*; assim, por exemplo, ao falar em *indústria automotiva*, está se referindo ao setor como um todo, e não a uma empresa específica desse setor.

quatro forças: **ameaça de novos entrantes; ameaça de bens substitutos; poder de barganha dos clientes;** e **poder de barganha dos fornecedores.**

Sob essa ótica, a Figura 1.1 apresenta o modelo de relações entre as cinco forças citadas, que serão descritas nos próximos tópicos.

FIGURA 1.1 - As cinco forças de Porter

Ameaça de novos entrantes
Avalia o grau de dificuldade de novos concorrentes entrarem em determinado mercado. O capital necessário, o custo de mudança, o *know-how* e a legislação são alguns dos aspectos relevantes nessa perspectiva.

Poder de barganha dos fornecedores
Avalia o poder de negociação dos fornecedores de uma empresa para com ela.
A quantidade de fornecedores deve ser analisada aqui.

Rivalidade entre concorrentes
Avalia o grau de competitividade de um mercado analisando seus concorrentes. Busca identificar a quantidade, a diversidade, o *market share* e o poder financeiro dos concorrentes.

Poder de barganha dos compradores
Avalia o poder de negociação da empresa para com seus clientes. Devem-se analisar aqui o volume de compras e os custos que os clientes têm para mudar de fornecedor, produtos substitutos, entre outros.

Ameaça de bens substitutos
Avalia a possibilidade de os produtos de uma empresa serem substituídos por produtos diferentes. Questões como custos e propensão do comprador para mudar são importantes nessa perspectiva.

Fonte: Elaborado com base em Porter, 1980.

A Figura 1.1 representa o conceito fundamental de Porter sobre a estrutura competitiva do setor, que é a ideia de concorrência estendida (Vizeu; Gonçalves, 2010). Nesse modelo, fugimos do pensamento comum de que as pressões competitivas advêm somente do concorrente direto; na verdade, todos os agentes de um setor podem apresentar alguma forma de pressão, contribuindo no conjunto do sistema competitivo para tornar mais difícil competir no setor em questão.

Rivalidade entre concorrentes

As ações competitivas das empresas desencadeiam impactos sobre o mercado concorrente. É natural pensar que todas as organizações envolvidas adotarão práticas de prevenção ou de combate às ações dos concorrentes. Esse ambiente, portanto, é caracterizado por uma alta competitividade, ou seja, por uma rivalidade acirrada entre os concorrentes.

Quanto mais concentrado for um setor, ou seja, quanto mais reduzido for o número de concorrentes, mais controlado ele será, visto que as empresas que o formam terão poderes maiores do que organizações em mercados com grandes números de *players*. Esses poderes podem ser originados de diversas formas. Como exemplo, podemos citar a detenção de tecnologia difícil de ser imitada ou de alto custo de aquisição, o que inibe o desenvolvimento de concorrentes, ou o poder exercido por essas empresas perante seus fornecedores, o que também não estimula novos entrantes.

Na outra ponta, também não é fácil o estabelecimento de mercados com grande número de empresas. Se, então, a chance de ter um concorrente com grande *market share* é menor, há grandes chances de, por exemplo, haver guerras de preços, o que demanda dos concorrentes grandes investimentos em capacidade produtiva para ganhos de escala, assim como pode existir a necessidade de lidar com a grande facilidade de mudança dos clientes para outros concorrentes.

Podem se somar a esse contexto questões como o acirramento da rivalidade entre os concorrentes em momentos de grandes crises econômicas, em que a competição aumenta ainda mais. Enfim, é certo que diversos aspectos interferem no grau de rivalidade das organizações de um determinado setor, entre os quais, com grande destaque, estão as outras quatro forças definidas por Porter (1980).

Poder de barganha dos fornecedores

Uma das principais forças que impactam a competitividade de uma empresa se refere ao grau de poder dos fornecedores sobre ela em suas negociações. Os fornecedores podem interferir diretamente no negócio de um cliente de diversas maneiras, entre as quais as principais são a alteração dos preços e as mudanças nos padrões de qualidade dos produtos.

Os fornecedores que detêm poder sobre seus clientes conseguem espremer as margens de lucros deles, a ponto de acirrar cada vez mais a rivalidade de um setor. Esse acirramento pode forçar todo um setor a se reorganizar por meio do fechamento de alguns concorrentes e, por consequência, pela concentração do mercado em menos concorrentes, o que renderá ganhos de escala e possibilitará manter ativos os concorrentes mais organizados.

Nesse sentido, fornecedores poderosos normalmente apresentam certas características específicas, como possuir um produto muito exclusivo, localizar-se em setores com poucos concorrentes ou em setores muito mais concentrados que os dos compradores ou, ainda, desenvolver uma operação que incorrerá em altos custos aos clientes.

Por outro lado, para que uma empresa consiga contrapor-se ao poder de barganha dos fornecedores, ela pode buscar bens substitutos ou, então, tentar produzir o insumo comprado desse fornecedor "poderoso", o que é conhecido como *integração para trás*.

Poder de barganha dos clientes

Outra força importante nos mercados concorrentes diz respeito ao poder de negociação dos clientes. Assim como os fornecedores, os clientes podem ser capazes de forçar quedas de preços, alterações de produtos e processos operacionais, gerando, desse modo, maior rivalidade entre os fornecedores.

Quanto maior for o volume de compra de um cliente, provavelmente maior será seu poder de barganha para com os fornecedores. Esse maior volume de compras pode ser proveniente da concentração de mercado, o que indica que poucas empresas o dividem.

Nessa perspectiva, também é importante considerar as margens de lucros do setor comprador. Se estas forem baixas, poderá haver grande pressão dos compradores para a redução dos custos. Tal situação pode estar atrelada ao fato de os produtos do setor serem altamente padronizados, o que pode facilitar a entrada de novos concorrentes e, por consequência, a diminuição das margens de lucros.

Do ponto de vista da estratégia empresarial, um ambiente no qual os consumidores têm grande poder de negociação é hostil ao investimento, tornando-o pouco atrativo. Por essa razão, é preciso monitorar os mercados. Naqueles em que há concentração de consumidores, existe uma tendência de estes serem mais empoderados. Por exemplo, o setor químico que vende produtos para companhias petrolíferas no Brasil tem como um importante cliente uma grande empresa estatal, o que confere a ela um grande poder de negociação.

Por fim, clientes que compram produtos de determinados fornecedores não tão relevantes para seus processos tendem a ter poder sobre essas negociações.

Ameaça de novos entrantes

As duas forças anteriores referem-se aos poderes dos mercados concorrentes e fornecedores. Sob essa ótica, uma das formas de a concorrência impactar a rivalidade do setor é com o surgimento de novas empresas concorrentes.

Os setores nos quais há facilidade para a entrada de novos concorrentes apresentam uma rivalidade mais acirrada e, por conseguinte, margens de lucro menores. Nesse sentido, a força que Porter (1980) denominou *ameaça de novos entrantes* diz respeito ao grau de possibilidade de novos concorrentes adentrarem no setor.

Normalmente, os novos entrantes detêm competências ainda não exploradas pelos concorrentes, além de um anseio por ganhar participação de mercado e capital para investimento. A combinação desses fatores faz com que os setores que permitem a entrada de novas empresas concorrentes não sejam muito atrativos.

Contudo, mesmo com os aspectos citados favoráveis aos concorrentes, também existem aqueles elementos que servem de barreiras a essas entradas. Tais barreiras são essenciais para que as organizações mantenham seus setores lucrativos.

Empresas bem estabelecidas, detentoras de grandes fatias de mercado, são exemplos de barreiras, visto que um candidato a concorrente conhecerá a possibilidade de sofrer as consequências da competitividade do concorrente já estabelecido, que poderá, por exemplo, desenvolver práticas de margens baixíssimas por determinados períodos, na intenção de afastar a concorrência. Também são barreiras à entrada de concorrentes o grau de diferenciação de produtos em determinados setores, que serve de fidelização de clientes, bem como os custos de mudança para os clientes, além dos setores com necessidade de altos investimentos iniciais.

Setores poucos atrativos à entrada de novos concorrentes são formados por empresas com recursos substanciais para rechaçar o novo entrante. Também há aqueles setores que estão em períodos de crescimento lento, o que desestimula os novos entrantes, uma vez que estes anteveem uma possível dificuldade de alcançar a fatia de mercado necessária para equilibrar suas operações.

Ameaça de novos produtos ou serviços

A última das cinco forças de Portes é chamada de *ameaça de novos produtos ou serviços* ou, ainda, *ameaça de bens substitutos*. Essa força está ligada à possibilidade de surgirem produtos que substituam os de determinada empresa ou setor.

Nesse processo, há uma forte relação entre preço e qualidade. Quanto mais fácil for o surgimento de bens substitutos, menor será o preço praticado pelo setor e, obviamente, menores serão suas margens de lucro. Por outro lado, o grande fator de decisão dos clientes estará na qualidade ofertada pelos produtos ou no grau de satisfação que estes geram.

É importante abrir um parêntese aqui e diferenciar *produto concorrente* de *produto substituto*: os concorrentes são produtos iguais que concorrem entre si – por exemplo, dois veículos de montadoras diferentes; já os produtos ou serviços substitutos são diferentes, mas em determinados momentos podem substituir um ao outro – a exemplo de um avião que substitui o carro e o ônibus para o transporte de pessoas. Essa substituição está relacionada à qualidade, como já citado, e, principalmente, à percepção do cliente quanto à relação entre os custos e os benefícios entregues.

Um bom e tradicional exemplo de produto/serviço substituído são os supermercados, que, em determinados horários em que o foco está na conveniência, são substituídos por farmácias ou lojas de postos de combustíveis que ofertam diversos produtos os quais anteriormente eram vendidos somente nos supermercados. Outro exemplo, bastante atual, refere-se aos serviços de transporte urbano organizados por aplicativos, os quais substituíram, em grande quantidade, os serviços de táxis e a própria venda de veículos, pois muitas pessoas estão optando por deixar de serem proprietárias de veículos pela baixa nos preços dos serviços de transporte.

Como contra-ataque, para lidar com os bens substitutos, as empresas devem elaborar estratégias que gerem altos custos de mudança para os clientes. Nesse ponto, os ganhos de escala dos supermercados ainda os mantêm como mais atrativos, em razão de seus preços mais competitivos, restando às farmácias e às lojas de conveniência aproveitar determinados momentos específicos que atendem às necessidade dos clientes. Por outro lado, considerando-se o exemplo dos aplicativos de transporte, o custo de mudança não existe ou, ainda, o cliente normalmente economiza recursos ao fazer a mudança – por isso ela ocorre tão facilmente.

1.3

Ferramentas para a análise das cinco forças

Conhecer a abordagem das cinco forças de Porter é importante para qualquer empresa. Porém, executar a análise é um processo quantitativo e qualitativo que exige um razoável grau de preparo e organização para que os resultados sejam, de fato, reflexo da realidade organizacional.

Existem formas quantitativas de promover a análise das cinco forças. Tais formas são baseadas em dados econométricos, como a análise dos fornecedores e dos consumidores. Outras análises são feitas de maneira mais genérica, em que as pessoas envolvidas definem o grau de cada força de acordo com suas observações.

Uma ferramenta de fácil aplicação e que gera *insights* interessantes é a proposta por Fernandes e Berton (2012). Os autores apresentam diversos questionamentos para que cada força competitiva seja avaliada, conforme exposto nos quadros a seguir. Cada questão deve ser respondida com uma nota de 1 a 5. As notas correspondem aos seguintes significados, respectivamente: 1 – a afirmação é absolutamente falsa; 2 – a afirmação é falsa, mas pode ser verdadeira sob determinadas condições; 3 – a afirmação é parcialmente falsa e parcialmente correta; 4 – a afirmação é correta, mas pode ser falsa sob certas condições; 5 – a afirmação é totalmente correta.

QUADRO 1.1 - Fatores para a avaliação da ameaça de novos entrantes

FATORES		NOTA
A	É possível ser pequeno para entrar no negócio.	
B	Empresas concorrentes têm marcas desconhecidas ou os clientes não são fiéis.	
C	Baixo investimento em infraestrutura, crédito a clientes e produtos.	
D	Os clientes terão baixos custos para trocarem seus atuais fornecedores.	

(continua)

(Quadro 1.1 – conclusão)

FATORES		NOTA
E	Tecnologia dos concorrentes não é patenteada. Não é necessário investimento em pesquisa.	
F	O local, compatível com a concorrência, exigirá baixo investimento.	
G	Não há exigências do governo que beneficiam empresas existentes ou limitam a entrada de novas empresas.	
H	Empresas estabelecidas têm pouca experiência no negócio ou custos altos.	
I	É improvável uma guerra com os novos concorrentes.	
J	O mercado não está saturado.	
TOTAL		
MÉDIA		

Fonte: Fernandes; Berton, 2012, p. 79-80.

QUADRO 1.2 - Fatores para a avaliação da rivalidade entre os concorrentes

FATORES		NOTA
A	Existe um grande número de concorrentes, com relativo equilíbrio em termos de tamanho e recursos.	
B	O setor onde se situa o negócio mostra um lento crescimento. Uns prosperam em detrimento de outros.	
C	Custos fixos altos e pressão no sentido de vender o máximo para cobrir esses custos.	
D	Acirrada disputa de preços entre os concorrentes.	
E	Não há diferenciação entre produtos/serviços comercializados pelos concorrentes.	

(continua)

(Quadro 1.2 – conclusão)

FATORES		NOTA
F	É muito dispendioso para as empresas já estabelecidas saírem do negócio.	
G	Não há exigências do governo que beneficiam empresas existentes ou limitam a entrada de novas empresas.	
H	Empresas estabelecidas têm pouca experiência no negócio ou custos altos.	
I	É improvável uma guerra com os novos concorrentes.	
J	O mercado não está saturado.	
TOTAL		
MÉDIA		

Fonte: Fernandes; Berton, 2012, p. 80.

Quadro 1.3 - Fatores para a avaliação da ameaça de bens substitutos

FATORES		NOTA
A	Verifica-se uma enorme quantidade de produtos/serviços substitutos.	
B	Produtos/serviços substitutos têm custos mais baixos que os das empresas existentes no negócio.	
C	Empresas existentes não costumam utilizar publicidade para promover sua imagem e de seus produtos/serviços.	
D	Setores de atuação dos produtos/serviços substitutos estão em expansão, aumentando a concorrência.	
TOTAL		
MÉDIA		

Fonte: Fernandes; Berton, 2012, p. 80-81.

QUADRO 1.4 - Fatores para a avaliação do poder de barganha dos compradores

FATORES		NOTA
A	Clientes compram em grandes quantidades e sempre fazem forte pressão por preços menores.	
B	Produto/serviço vendido pela empresa representa muito nos custos dos clientes ou de suas compras.	
C	Produtos/serviços que os clientes compram são padronizados.	
D	Clientes não têm custos adicionais significativos se mudarem de fornecedores.	
E	Há sempre uma ameaça de os clientes virem a produzir os produtos/serviços adquiridos no setor.	
F	Produto/serviço vendido pela empresa existente não é essencial para melhorar os produtos do comprador.	
G	Clientes são muito bem informados sobre preços e custos do setor.	
H	Clientes trabalham com margens de lucro achatadas.	
TOTAL		
MÉDIA		

Fonte: Fernandes; Berton, 2012, p. 81.

QUADRO 1.5 - Fatores para a avaliação do poder de barganha dos fornecedores

FATORES		NOTA
A	O fornecimento de produtos, insumos e serviços necessários é concentrado em poucas empresas fornecedoras.	
B	Produtos/serviços adquiridos pelas empresas existentes não são facilmente substituídos por outros.	
C	Empresas existentes no negócio não são clientes importantes para os fornecedores.	
D	Materiais/serviços adquiridos dos fornecedores são importantes para o sucesso dos negócios no setor.	
E	Os produtos comprados dos fornecedores são diferenciados.	
F	Existem custos significativos para se mudar de fornecedor.	
G	Ameaça permanente de os fornecedores entrarem no negócio do setor.	
TOTAL		
MÉDIA		

Fonte: Fernandes; Berton, 2012, p. 82.

Ainda de acordo com as orientações de Fernandes e Berton (2012), as notas de cada força competitiva devem ter suas médias calculadas. Segundo os autores, médias entre 1 e 1,7 são consideradas de baixa influência; entre 1,71 e 3,4, de média influência; e entre 3,41 e 5, de alta influência.

Por fim, as médias podem ser utilizadas para a elaboração de um gráfico a fim de facilitar a visualização. A esse respeito,

Fernandes e Berton (2012) sugerem a criação de um gráfico em colunas.

Outra possibilidade para a apresentação dos resultados é o gráfico conhecido como *radar*, conforme exposto na Figura 1.2.

FIGURA 1.2 - Intensidade das forças competitivas

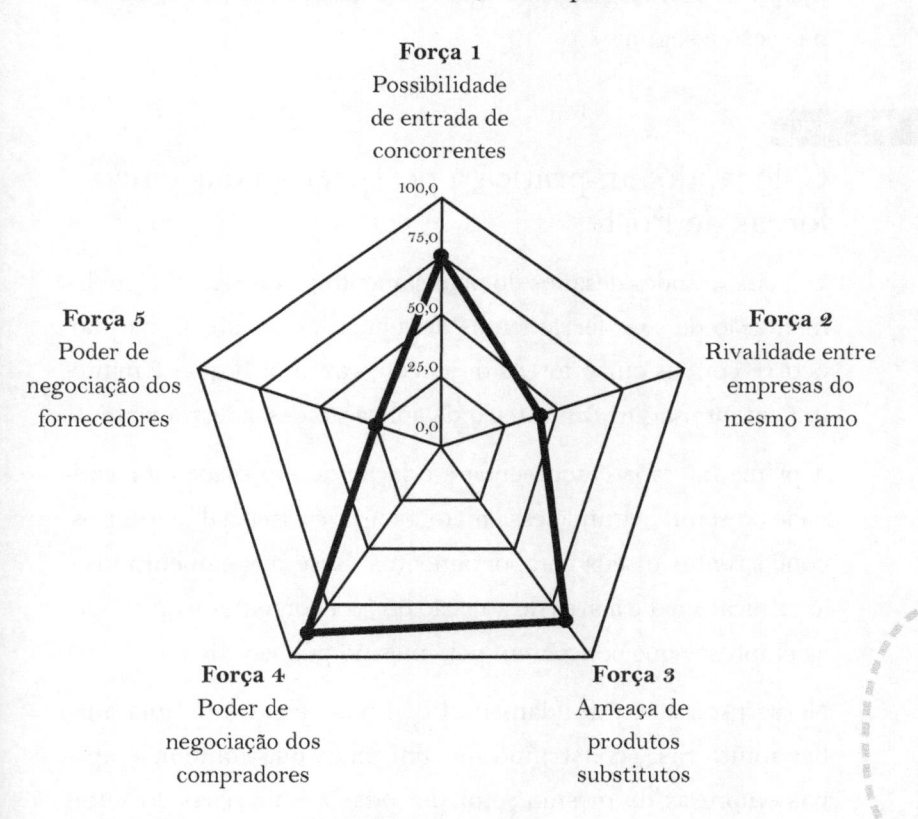

Força 1
Possibilidade de entrada de concorrentes

Força 5
Poder de negociação dos fornecedores

Força 2
Rivalidade entre empresas do mesmo ramo

Força 4
Poder de negociação dos compradores

Força 3
Ameaça de produtos substitutos

Fonte: Elaborado com base em Fernandes; Berton, 2012, p. 82.

A mensuração das forças e sua representação gráfica têm por objetivo específico dimensionar o impacto do conjunto das forças, sinalizando se determinado setor apresenta alta, média ou baixa dificuldade para competir. Por outro lado, o modelo gráfico também indica qual vértice contribui em maior grau para tal dificuldade, sugerindo o ponto que deve ser atacado pela estratégia a ser desenvolvida. Esse é o fundamento da análise de estrutura competitiva do setor de Porter para o desenvolvimento da estratégia, tema que explanaremos um pouco mais na seção a seguir.

1.4
Colocando em prática a perspectiva das cinco forças de Porter

Um dos grandes desafios do planejamento estratégico é a implementação de suas ferramentas de maneira eficiente. O mesmo ocorre com as cinco forças de Porter, razão pela qual é muito importante seguir um roteiro de aplicação dessa ferramenta.

A primeira etapa compreende a criação de um mapa da rivalidade do setor. Segundo essa metodologia, é essencial mapear os concorrentes e seus comportamentos. Esse mapeamento visa identificar qual é a área de atuação dos concorrentes e quem são as empresas que concorrem pelo mesmo público-alvo.

Nesse processo, é fundamental que não se execute uma análise muito rasa, construindo-se um mapa que contemple apenas empresas do mesmo setor ou todas as empresas do setor. Se uma organização vende roupas, por exemplo, nem todas as empresas que comercializam o mesmo produto são, necessariamente, concorrentes. Portanto, se uma empresa vende roupas sociais masculinas, as lojas de roupas de crianças ou exclusivas de roupas femininas não são suas concorrentes.

Da mesma forma, se uma empresa atua com roupas sociais masculinas, não são somente as lojas similares que concorrem com ela. Todas as outras lojas que vendem roupas sociais masculinas também são, desde alfaiates exclusivos até grandes estabelecimentos de departamentos que vendem roupas para homens e mulheres de todas as idades, inclusive roupas sociais masculinas.

Além disso, do ponto de vista geográfico, a definição da região de atuação é importante nesse contexto, ao possibilitar que se classifique o grau de rivalidade de cada concorrente, de acordo com a proximidade em relação à empresa. Com o advento da tecnologia, os negócios baseados na internet também devem ser analisados nesse processo de rivalidade.

Além do aspecto geográfico, é preciso compreender a posição competitiva da organização no setor. Para tanto, identificar as vantagens competitivas dos concorrentes é essencial para que a empresa possa desenvolver suas próprias vantagens para se destacar.

Nesse momento do planejamento, outra ferramenta se mostra bastante útil: a análise matricial SWOT, apresentada no Quadro 1.6. Por meio dela, busca-se identificar as forças e fraquezas da empresa ou do mercado no momento atual, confrontando-as com as ameaças e as oportunidades que o mercado está proporcionando ao setor.

Quadro 1.6 - Matriz SWOT

	AJUDA	ATRAPALHA
INTERNA (organização)	S *strengths* forças	W *weakness* fraquezas
EXTERNA (ambiente)	O *opportunities* oportunidades	T *threats* ameaças

Fonte: Elaborado com base em Weihrich (1982).

Na sequência desse processo, é necessário identificar soluções do mercado que possam ameaçar a fonte de vantagens competitivas das organizações. Nessa etapa, é importante reconhecer tanto as soluções dos concorrentes diretos (os mais próximos geograficamente) quanto daqueles que podem, no futuro, tornar-se concorrentes.

É essencial perceber que, nesse momento, o foco está nos concorrentes que podem substituir as soluções da empresa. Por exemplo, uma farmácia de bairro que têm 30% de suas vendas em produtos alimentícios é fortemente ameaçada pela abertura de um posto de combustíveis que contenha uma grande loja de conveniências.

Sob essa ótica, é fundamental que a organização tenha consciência de todos os concorrentes que podem oferecer um produto ou serviço que possa substituir o dela. Além disso, convém monitorar o ambiente para o surgimento ou a ascensão de concorrentes diretos de seu produto ou serviço.

Nessa perspectiva, um dos grandes pecados das empresas é acomodar-se sobre o sucesso. É comum ouvir histórias de organizações que alcançaram grande sucesso nos negócios, mas, em pouco tempo, foram ultrapassadas por concorrentes.

Mas o que fizeram esses concorrentes? Ou melhor, o que a empresa deixou de fazer? Essas são algumas questões que devem ser transformadas em indicadores pelas empresas e ser objeto de observação constante. Independentemente da fonte para a vantagem competitiva, não há garantia de que ela não possa ser superada em algum momento.

Além desse monitoramento da estratégia, é importante que as empresas ajam de maneira a criar barreiras que inibam a iniciativa de concorrentes para a entrada em seus mercados. Dessa forma, patentes de soluções, contratos de exclusividade com fornecedores e tantas outras ações podem servir como barreiras.

No outro eixo da metodologia das cinco forças de Porter, é extremamente necessário que as organizações consigam desenvolver um bom poder de negociação com seus clientes. É fundamental, portanto, que a empresa saiba identificar as demandas dos clientes. E o melhor caminho para diminuir o poder de barganha deles é entregar-lhes mais valor do que o esperado.

Ainda, é interessante que o cliente sempre tenha maior dificuldade ou menor interesse em trocar determinada empresa pelos concorrentes. Assim, a melhor maneira de provocar essa dificuldade é gerar custos de oportunidade, sejam eles pela insegurança do serviço ou produto novo, sejam por questões contratuais, sejam por outra situação que permita à empresa diminuir o poder de barganha dos clientes.

Por fim, é necessário tentar diminuir a dependência da organização em relação a seus fornecedores. Quanto menor for o número de fornecedores, maior será o poder de barganha deles. Logo, convém descobrir ou desenvolver novos fornecedores, para que o custo de mudança não se torne um inviabilizador da mudança, o que garante poder ao fornecedor. Nesse sentido, empresas que dependem muito de um fornecedor se tornam reféns dele no que concerne tanto a mudanças nos padrões de qualidade dos produtos ou serviços quanto aos preços.

Ao executar a análise das cinco forças de Porter, a instituição amplia e aprofunda sua visão de si mesma dentro de seu setor de atuação. Além disso, consegue monitorar melhor os clientes, os fornecedores e os concorrentes.

1.5 Estratégias genéricas de Porter

Ainda no âmbito do trabalho de Michael Porter, um elemento complementar à análise das cinco forças é aquilo que o autor chamou de *estratégias competitivas* ou *estratégias genéricas*, as quais se referem ao modo como uma empresa busca competir em seu mercado com o objetivo de sustentar suas vantagens competitivas. Assim, as organizações podem agir de maneira ofensiva ou defensiva, ao procurarem se sustentar dentro do setor.

Para Porter (1980, 1989b), toda empresa tem uma estratégia, que pode ser classificada entre as três opções levantadas pelo autor: liderança em custos, diferenciação ou foco. Essas opções são o que sustenta a vantagem competitiva da organização. Conforme o autor, toda empresa deve adotar uma estratégia genérica bem definida, sendo que a escolha por investir em duas estratégias sempre se mostra ineficiente e, até mesmo, destrutiva.

As estratégias genéricas estão fundamentadas em duas características, como ilustrado no Quadro 1.7: o escopo de atuação, que pode ser largo ou estreito, e o tipo de vantagem competitiva, que pode ser baixo custo ou diferenciação dos produtos ou serviços.

QUADRO 1.7 - Estratégias genéricas de Porter

		Vantagem competitiva	
		Custo baixo	Diferenciação
Escopo competitivo	Alvo amplo	1. Liderança em custo	2. Diferenciação
	Alvo estreito	3A. Enfoque no custo	3B. Enfoque na diferenciação

Fonte: Porter, 1989b, p. 10.

O escopo de atuação ou escopo competitivo está ligado ao tamanho do mercado-alvo. Segundo o modelo, existem duas fontes principais de vantagens competitivas. Uma delas é a **liderança em custo**, por meio da qual a empresa buscará oferecer o melhor preço ao cliente de acordo com a qualidade proposta. O objetivo de empresas que adotam essa estratégia é se tornarem as produtoras de menor custo no setor. Para tanto, é necessário produzir em larga escala, o que vai gerar grandes economias. Outras características de empresas que usam essa estratégia são a grande utilização de suas capacidades produtivas, um elevado poder de barganha com fornecedores e a utilização de alta tecnologia.

A outra fonte é a **diferenciação**, por meio da qual a empresa define que trabalhará com um produto ou serviço diferenciado, buscando sempre a maior entrega de qualidade possível, mesmo que isso torne o produto mais caro para os clientes. Ao adotar essa estratégia, o foco residirá nas qualidades do produto desejadas pelos consumidores e em inovações que, muitas vezes, sequer foram imaginadas por eles.

A estratégia de diferenciação exige grandes investimentos em atividades de alto custo, como pesquisas e desenvolvimento. Normalmente, os clientes das empresas fiéis a essa estratégia são menos sensíveis ao preço e, por consequência, elas atingem parcelas de mercado menores. A fonte de renda deixa de se basear nos ganhos de escala e passa a estar no valor agregado em cada produto comercializado.

No outro eixo da análise, os mercados-alvo podem ser amplos ou estreitos, ou seja, trata-se de considerar onde exatamente a empresa está concentrando sua estratégia. Mercados com **alvo amplo** são aqueles em que as organizações procuram explorar determinada fonte de vantagem competitiva e, para isso, focam os clientes que valorizam essa fonte. Nesse caso, uma empresa buscará ou praticar o menor custo possível ou, então, diferenciar seus produtos e serviços. Assim, o foco recairá sobre todo o mercado, que procura cada uma das características oferecidas em tais produtos/serviços.

Por sua vez, mercados com alvo **estreito** são aqueles nos quais empresas, além da fonte de vantagem competitiva, também se concentram em uma parte específica de determinado mercado. Para ilustrarmos todo esse modelo, podemos utilizar o setor dos restaurantes como exemplo. Um restaurante pode querer atender a toda uma população de determinada região. Logo, será preciso escolher sua fonte de vantagem competitiva, que poderá ser liderar em custo ou diferenciar-se dos demais. Nessa perspectiva, para o restaurante, liderar em custo pode significar ser o mais barato de acordo com a proposta de valor apresentada ao público, ao passo que diferenciar-se pode representar a escolha por oferecer um produto ou serviço de alta qualidade independente do preço.

Contudo, além dos alvos amplos, como discutimos, podem existir restaurantes cujos alvos sejam menores, ou seja, mais específicos. Um bom exemplo é o dos restaurantes vegetarianos, os quais têm um público específico. Quando uma empresa escolhe a estratégia de alvo curto, como os restaurantes vegetarianos, ela precisa definir de onde virá sua fonte de vantagem competitiva, para que, assim, seja possível combinar o foco específico com a liderança em custo ou a diferenciação. Ou seja, pode haver um restaurante vegetariano que busca ser o mais barato de sua categoria e, também, um restaurante tido como diferenciado, com um público que não se atém tanto ao preço, e sim à diferenciação oferecida.

Assim, define-se a terceira estratégia genérica, conhecida como **enfoque**, que, como descrito, é adotada por empresas que buscam um nicho específico de clientes. Nesse caso, quando é bem implementada, essa estratégia gera retornos acima da média, pois, normalmente, aplica-se a setores com pouca concorrência, o que, com efeito, garante baixa rivalidade competitiva.

Em geral, ao utilizar uma das estratégias genéricas, o objetivo é obter uma posição defensiva dentro de determinado setor que permita à empresa alcançar retornos maiores que a média. Por isso, é importante ter clareza sobre essas estratégias, principalmente em setores altamente competitivos, nos quais o número de concorrentes ou produtos substitutos é muito maior. Sem essa clareza, as empresas têm grandes dificuldades de se sustentar em seus setores competitivos.

Sob essa ótica, o Quadro 1.8 resume de maneira matricial a relação entre as forças de Porter e as estratégias genéricas do mesmo autor. Observe que, para cada estratégia adotada, estão indicadas as características de cada força.

QUADRO 1.8 - Estratégias genéricas × cinco forças de Porter

Força da indústria	Estratégia genérica		
	Liderança em custo	Diferenciação	Enfoque
Novos entrantes	Capacidade de reduzir preços em retaliação a potenciais entrantes	Lealdade do consumidor pode desencorajar potenciais entrantes	Foco otimiza o desenvolvimento de competências essenciais que podem agir como barreiras de entrada
Poder dos consumidores	Capacidade de oferecer preços reduzidos para consumidores com alto poder de barganha	Consumidores têm menor poder de barganha devido a poucas alternativas de produtos	Consumidores têm menor poder de barganha devido a poucas alternativas de produtos
Poder dos fornecedores	Maior flexibilidade diante da ocorrência de aumentos de insumos	Consumidores são menos sensíveis a repasses de preço	Fornecedores são fortes devido ao baixo volume, mas foco em diferenciação facilita repasses no aumento dos preços
Ameaça de substitutos	Uso de preço baixo para defesa contra substitutos	Consumidores se tornam leais a produtos diferenciados, reduzindo a ameaça de substitutos	Produtos especializados são mais difíceis de substituir
Rivalidade interna	Melhor capacidade de competir por preço	Lealdade à marca afasta consumidores de rivais	Rivais não conseguem atender as necessidades dos consumidores.

Fonte: Porter, 1980, citado por Couto, 2005, p. 31.

Já mencionamos que as empresas adotam estratégias para lidar com as forças competitivas de seus setores com o objetivo de gerar vantagens competitivas. Para tanto, a estrutura organizacional deve ser muito bem compreendida pela organização, a fim de que possa ser utilizada da melhor maneira na intenção de gerar as vantagens esperadas. Na esteira desse raciocínio, a seguir, apresentaremos o conceito de cadeia de valor.

1.6

Cadeia de valor

O terceiro conceito de Porter abordado neste capítulo é a cadeia de valor, que serve para analisar as atividades das organizações de maneira a fazê-las gerar o valor percebido pelos clientes. A forma como as empresas organizam suas atividades determina os custos e, consequentemente, impacta os resultados alcançados por elas.

O modelo apresentado na Figura 1.3 demonstra o processo de transformação de *inputs* em produtos ou serviços de valor para os consumidores de uma empresa. Com base nessa lógica, as organizações apresentam uma cadeia de atividades comuns a todas elas. Porter as dividiu em atividades primárias e atividades de apoio.

FIGURA 1.3 - Modelo de cadeia de valor de Porter

Atividades de apoio	Infraestrutura da empresa					Margem
	Gestão de recursos humanos					
	Desenvolvimento tecnológico					
	Compras					
	Logística de entrada	Operações	Logística de saída	Marketing e vendas	Serviços	
	Atividades primárias					

Fonte: Porter, 1998, p. 37, tradução nossa.

No âmbito da abordagem da cadeia de valor, as **atividades primárias** são as que geram o produto ou serviço final com valor percebido pelos clientes. Tais atividades são as seguintes: logística de entrada; operações; logística de saída; *marketing* e vendas; e serviços.

A logística de entrada se refere à coleção de atividades relacionadas à recepção de mercadorias, como definição de pedidos, recebimentos, controle de inventário e gestão do transporte dessa etapa. Aqui, a relação com fornecedores é decisiva e, por isso, demonstra a conexão desse conceito com as outras abordagens já apresentadas.

As operações de uma empresa incluem todos os processos de transformação de matéria-prima em produtos ou serviços acabados, isto é, incluem toda a fábrica, desde máquinas, *layouts*, tecnologias de fabricação, embalagens, montagem, manutenção de equipamentos e tudo o mais que esteja relacionado à agregação de valor ao produto dentro da organização.

Por sua vez, a logística de saída está associada às atividades de entrega do produto ou serviço aos clientes. Fazem parte dessa etapa os processos de armazenamento e distribuição.

Já as atividades de *marketing* e vendas estão ligadas às formas pelas quais a empresa alcança seus clientes. Suas principais atribuições são identificar as necessidades dos clientes e trabalhar as formas de atingi-los por meio da divulgação dos benefícios oferecidos.

Por fim, os serviços se vinculam às atividades que agregam valor aos produtos ou serviços principais após a compra. Essa etapa abrange o apoio ao cliente, os serviços de manutenção, a instalação, a logística reversa e a do pós-venda, entre outros.

As **atividades de apoio** dão suporte às atividades primárias. Entre elas está a infraestrutura, que contempla os sistemas de apoio às operações diárias. Também faz parte das atividades de apoio a gestão de recursos humanos, que se refere às atividades de recrutamento, desenvolvimento e retenção de colaboradores.

Ainda, o desenvolvimento tecnológico está atrelado ao desenvolvimento de projetos que aperfeiçoem as operações da empresa. O principal ponto aqui é o departamento de pesquisa e desenvolvimento. Para finalizar, a última atividade de apoio é a de aquisições e compras, que inclui todos os processos conectados à pesquisa de fornecedores e às aquisições de bens em geral.

Com a definição e o monitoramento da cadeia de valor, torna-se possível alcançar alguns objetivos dentro dos processos organizacionais. Além disso, pode-se compreender a origem das vantagens competitivas da empresa, bem como aumentar o valor gerado ao cliente, intensificando os investimentos e os cuidados nas etapas corretas. Igualmente, podem ser monitorados o desempenho de processos e a rentabilidade operacional da empresa, definindo-se, por consequência, estratégias mais assertivas para a organização.

Os conceitos de cadeia de valor de Porter passaram a ser utilizados em áreas específicas da gestão e resultaram em novas abordagens de cadeias de valor, como exposto na Figura 1.4. A cadeia de suprimentos, ilustrada na imagem, mapeia todo o processo de logística e produção de uma empresa, incluindo informações adicionais sobre os fluxos de bens, informações e recursos no âmbito do processo empresarial.

FIGURA 1.4 - Exemplo de cadeia de suprimentos

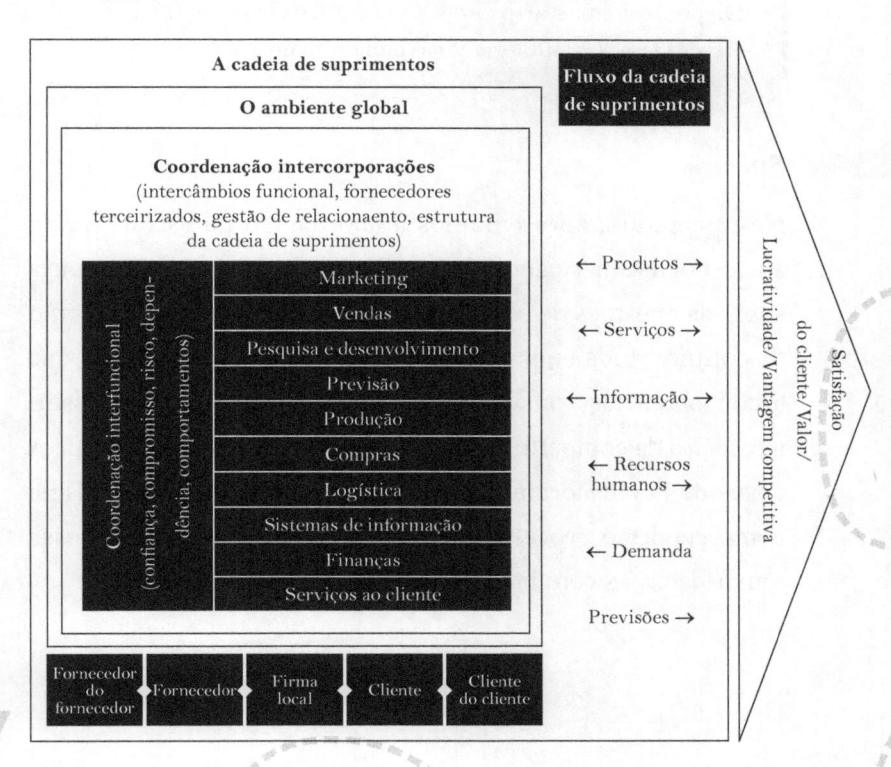

Fonte: Mentzer et al., 2001, p. 19, tradução nossa.

Além das estratégias competitivas, existem também as estratégias corporativas, que dizem respeito às formas pelas quais as organizações atuam em relação ao mercado, principalmente quanto à diversificação, à integração, à internacionalização e às alianças estratégicas. No Capítulo 2, abordaremos essas estratégias.

> **PARA SABER MAIS**
>
> Para aprender mais sobre os conceitos vinculados à estratégia competitiva, sugerimos a seguinte leitura:
>
> OLIVEIRA, L. de. A estratégia organizacional na competitividade: um estudo teórico. **Revista Eletrônica de Administração**, Porto Alegre, v. 10, n. 4, p. 1-23, jul./ago. 2004. Disponível em: <https://www.seer.ufrgs.br/read/article/view/41883/26496>. Acesso em: 28 maio 2020.

SÍNTESE

Neste capítulo, apresentamos a abordagem da estratégia do autor norte-americano Michael Porter, cuja essência repousa sobre as questões de competitividade entre as empresas. Como discutimos, toda empresa está localizada em um setor em que a concorrência é ou vai se tornar bastante acirrada. Assim, a respeito da competitividade das empresas, três conceitos principais de Porter foram trabalhados, a fim de que você consiga compreender o processo de planejamento estratégico e possa tomar decisões com base nesse entendimento.

O primeiro conceito examinado foi o das cinco forças de Porter: o poder de barganha de fornecedores; o poder de barganha de compradores; a ameaça de produtos substitutos; a ameaça de novos entrantes; e a rivalidade entre empresas existentes. O segundo tópico comentado se referiu às estratégias competitivas ou genéricas de Porter. Conforme esse conceito, toda empresa deve escolher uma dentre as seguintes estratégias: liderança em custos, diferenciação ou foco.

Com base no exposto, concluímos que, para obter sucesso, é imprescindível que a empresa tenha clareza sobre as estratégias genéricas em que estão calçadas suas ações, para que possa otimizar seus resultados.

Por fim, o terceiro conceito abordado neste capítulo foi o da cadeia de valor. O objetivo da análise da cadeia de valor de uma organização é identificar as atividades das organizações de maneira a fazê-las gerar o valor percebido pelos clientes. A forma como uma organização promove suas atividades é responsável por determinar os custos e, certamente, como informamos, impacta os resultados alcançados. Na abordagem da cadeia de valor, as atividades primárias são as que geram o produto ou serviço final com valor percebido pelos clientes, quais sejam: logística de entrada; operações; logística de saída; *marketing* e vendas; e serviços. Além delas, existem as atividades secundárias, como o setor de compras de uma empresa, que lhe é extremamente necessário, embora o cliente não perceba o valor agregado ao produto ou serviço adquirido.

Questões para revisão

1. Em qual das estratégias genéricas de Porter enquadra-se uma empresa de comida vegetariana? Essa empresa pode ter sua estratégia genérica principal misturada com outra estratégia genérica? Se sim, qual e por quê?

2. Segundo a cadeia de valor de Porter, desenvolver um *software* de gestão de estoques é uma atividade primária ou secundária? Justifique sua resposta.

3. (IFES – 2019) Segundo Porter [...], ao enfrentar as cinco forças competitivas, existem três abordagens estratégicas genéricas potencialmente bem-sucedidas para superar as empresas em uma indústria: liderança do custo total, diferenciação e enfoque. Analise as afirmativas abaixo e assinale a alternativa que representa um RISCO de seguir a estratégia de ENFOQUE:

    a. As diferenças nos produtos ou serviços pretendidos entre o alvo estratégico e o mercado como um todo se reduzem.

    b. Mudança tecnológica que anula o investimento ou o aprendizado anteriores.

    c. A necessidade dos compradores em relação ao fator diferenciação diminui. Isso pode ocorrer à medida que os compradores se tornem mais sofisticados.

    d. A imitação reduz a diferenciação percebida, uma ocorrência comum quando a indústria amadurece.

e. Os concorrentes encontram submercados fora do alvo estratégico e desfocalizam a empresa com a estratégia do enfoque.

4. (FCPC – 2019 – Unilab) Segundo Porter, no processo de planejamento, as estratégias podem ser classificadas em três categorias:

   a. Defesa, análise e reação.
   b. Estabilidade, crescimento e redução.
   c. Diferenciação, liderança de custo e foco.
   d. Penetração de mercado, desenvolvimento de mercado e diversificação.
   e. Desenvolvimento de mercado, desenvolvimento de produto e diversificação.

5. (Colégio Pedro II – 2018) O Modelo das 5 Forças Competitivas, de Michael Porter, é um dos mais conhecidos na literatura de gestão estratégica. Uma das forças apresentadas pelo modelo é a *Ameaça de entrada* de novos competidores. A fim de dificultar essa entrada, podem existir barreiras de entrada em determinado setor. Assinale a alternativa que apresenta um exemplo de barreira de entrada:

   a. Os compradores de um determinado setor apresentam lucros econômicos pouco significativos.
   b. Os fornecedores de determinado setor vendem produtos exclusivos ou altamente diferenciados.

c. Um determinado setor possui um grande número de empresas participantes, todas com tamanho e capacidade competitiva semelhantes.

d. Uma empresa possui uma grande parte do mercado consumidor, produzindo em grande quantidade e, com isso, obtendo custos unitários mais baixos.

Questões para reflexão

1. Reflita sobre que tipos de problemas uma empresa enfrentaria se buscasse atender os clientes utilizando tanto a estratégia genérica de liderança em custo quanto a de diferenciação.

2. Suponha que você é dono de uma fábrica de móveis da região metropolitana de Curitiba. Neste ano, você conseguiu firmar um contrato de fornecimento de seus móveis para uma grande rede de lojas, como Casas Bahia ou Magazine Luiza. Considerando esse cenário, reflita sobre as questões a seguir:

    a. Qual das cinco forças de Porter mais pressionaria você como empresário, de acordo com o caso descrito?

    b. Quais ações poderiam ser tomadas em relação à força identificada na pergunta anterior?

Estratégias corporativas

capítulo 2

Conteúdos do capítulo:

- Diversificação.
- Integração vertical e horizontal.
- Internacionalização.
- Alianças estratégicas: fusões e aquisições.

Após o estudo desse capítulo, você será capaz de:

1. compreender os conceitos envolvidos nas estratégias corporativas;
2. identificar as características das principais estratégias corporativas.

2.1

Definindo estratégias corporativas

Além das estratégias genéricas de Porter, vistas no capítulo anterior deste livro, há também algumas possibilidades de adoção de estratégias que visam ao desenvolvimento, ao aprimoramento e à manutenção da vantagem competitiva. Esses direcionamentos estratégicos ficaram conhecidos como *estratégias corporativas*.

As principais estratégias corporativas são as de integração horizontal, com destaque para as alianças estratégicas, como *joint ventures*, fusões e aquisições, além de integrações verticais. Integrar verticalmente consiste na ação de executar mais uma etapa do processo da cadeia produtiva, eliminando assim um fornecedor, seja ele anterior, seja ele posterior ao processo principal de transformação da empresa.

O processo de definição das estratégias corporativas se inicia pela identificação de necessidades e alternativas para que se desenvolva ou se mantenha a vantagem competitiva da empresa. Para tanto, por exemplo, pode-se perceber a necessidade de abertura de novos mercados ou a consolidação de mercados já abertos, bem como o desenvolvimento de novos produtos. Ao identificar necessidades corporativas como as mencionadas, é preciso, então, analisar os portfólios de produtos, as unidades de negócios e os mercados envolvidos, a fim de identificar oportunidades de investimento.

Não há uma receita mágica que todas as organizações do mundo devam seguir, uma vez que cada empresa está inserida em um determinado contexto. Considerando tal contexto, em combinação com os recursos e as competências da organização, ela deve adotar direcionamentos estratégicos específicos. No capítulo anterior, todas as análises diziam respeito a unidades específicas de negócios. Nesse sentido, analisamos as competências, os recursos, as forças, as fraquezas e as estratégias genéricas das organizações quando da atuação em um único setor.

Neste capítulo, buscaremos promover uma análise do processo de diversificação dos negócios de uma empresa e/ou de fortalecimento de competências e recursos por meio da complementaridade. Ambos os processos podem ser obtidos mediante alianças estratégicas ou processos de integração vertical, além da possibilidade de ganhos de novos mercados por meio, por exemplo, da estratégia de internacionalização.

2.2 Diversificação

O processo de diversificação dos negócios de uma corporação implica o uso de alguns termos que devem ser compreendidos para que as análises possam ser mais assertivas. Os primeiros termos a serem definidos são *unidades de negócio* e *nível corporativo*. Nesta obra, entendemos **unidades de negócios** como todas as filiais de uma corporação que produzem um produto ou uma linha de produto específico ou, ainda, prestam um serviço também específico. Já o **nível corporativo** diz respeito à gestão de toda a corporação, a qual pode ser controladora corporativa de diversas unidades de negócios de setores diferentes. A esse conjunto de unidades de negócios de setores diferentes dá-se o nome de *portfólio de negócios*. Segundo Hitt, Ireland e Hoskisson (2011), um dos grandes exemplos de empresa diversificada é a General Electric, que possui fábricas dos mais diversos bens, desde turbinas de aviões a eletrodomésticos, como geladeiras, além de lâmpadas, locomotivas de trens e turbinas eólicas para a geração de energia.

O portfólio de negócios é um dos temas mais importantes em relação às diversificações, pois identificar boas combinações de portfólios, bem como aqueles que estão minando as vantagens competitivas da corporação, é de grande valia para a gestão estratégica. É natural que alguns negócios, mesmo que de setores diferentes, apresentem convergência e, por isso, potencializem um ao outro quando são geridos em conjunto. Da mesma forma, muitas vezes, ter no portfólio de negócios uma empresa que não apresente boa complementaridade pode gerar gastos financeiros ou de energia dos colaboradores, que não atuam de maneira positiva sobre as vantagens competitivas da corporação.

A esse respeito, uma das metodologias mais utilizadas pelas corporações do mundo todo é a **matriz de Ansoff**, criada por Igor Ansoff em 1957. Apesar de não ser uma ferramenta nova, ela ainda é bastante eficaz. Segundo o autor, existem quatro caminhos principais que podem ser adotados pelas organizações para crescerem (Ansoff, 1957). Todos estão ligados aos produtos e ao mercado e cada um apresenta um risco diferente em seu processo de implementação, conforme pode ser observado no Quadro 2.1.

QUADRO 2.1 - Matriz Ansoff

	Produtos atuais	Novos produtos
Mercados atuais	Risco baixo Penetração de mercado	Risco médio Desenvolvimento de produtos
Novos mercados	Risco médio Desenvolvimento de mercado	Risco alto Diversificação

Fonte: Elaborado com base em Ansoff, 1957.

Entre os caminhos identificados na matriz, a penetração de mercado consiste em aumentar as vendas de um produto nos mesmos mercados já explorados. O objetivo principal está em alcançar ganhos de escala e, por consequência, diminuir os custos e aumentar os lucros. Por se tratar de uma tática na qual o mercado e o produto já são conhecidos, os riscos são menores que os das outras possibilidades identificadas na matriz.

Outra possibilidade para o crescimento da corporação é o desenvolvimento de novos mercados, por meio do qual o objetivo é vender os mesmos produtos, mas em mercados ainda inexplorados, os quais podem referir-se a novas regiões geográficas ou a setores em que o mesmo produto ainda não é explorado, o que pode demandar alterações. Essa tática já está enquadrada como de risco médio ou moderado, uma vez que a ação de abrir novos mercados sempre implica investimentos maiores, que não necessariamente terão retornos garantidos.

Além de novos mercados, desenvolver novos produtos também pode ser uma boa estratégia de crescimento corporativo. Lançar novos produtos em mercados já conhecidos pode ser bastante eficiente ao se aproveitar dos conhecimentos de tais mercados e de possíveis complementaridades entre produtos e serviços, como os de distribuição e publicidade. Essa tática também é classificada como de risco moderado, visto que não há garantia de sucesso dos novos produtos.

Por fim, a quarta tática identificada por Ansoff é chamada *diversificação*, a qual busca a venda de produtos novos em mercados ainda inexplorados. É classificada como de alto risco, pois, além de investimentos financeiros maiores, há também muitas mudanças simultâneas, tanto no que se refere ao desenvolvimento de novos produtos e serviços como no que concerne aos novos mercados.

Neste capítulo, nosso foco residirá na estratégia de diversificação, a qual, segundo Johnson, Scholes e Whittington (2009), pode ser classificada como **relacionada** e **não relacionada**. A primeira consiste em diversificar produtos ou mercados de uma organização, mas utilizando competências e recursos que a organização já detém. A segunda, por sua vez, diz respeito à estratégia de diversificar por meio de mercados e produtos novos, caso em que não se podem aproveitar competências e/ou recursos já disponíveis na corporação. A diversificação relacionada acaba sendo a que melhor desenvolve a vantagem competitiva, já que potencializa recursos e competências que são dominadas ou controladas. Por esse motivo, vamos nos concentrar nessa categoria.

Johnson, Scholes e Whittington (2009, p. 204) apresentam bons exemplos de corporações que adotam a estratégia relacionada:

> *a Procter and Gamble e a Unilever são corporações diversificadas, mas na prática todos os seus interesses estão em bens de consumo de movimentação rápida distribuídos entre varejistas. Consequentemente, suas várias empresas se beneficiam da capacidade em pesquisa e desenvolvimento,* marketing *para o consumidor, construção de relações com varejistas poderosos e desenvolvimento de uma marca global.*

No processo de diversificação relacionada, um dos conceitos mais importantes é o de **integração**, que diz respeito à ação de incorporar à empresa a fabricação ou a prestação de serviços complementares, como matérias-primas ou serviços de distribuição; pode ocorrer, ainda, a integração de novos produtos ou novas unidades de negócios. Os processos de integração, nos casos citados, podem ser classificados como **verticais** ou **horizontais**.

Para compreender melhor os processos de integração, é necessário entender o conceito de produção dentro da cadeia de valor, já apresentada no capítulo anterior.

O processo de produção se refere à sequência de atividades que transformam insumos em bens acabados com valor agregado. Nesse sentido, uma cadeia de valor é composta por diversas etapas de transformação, as quais são executadas por várias empresas de um mesmo setor. Por exemplo, no setor automotivo, a montagem de um automóvel é somente uma das etapas da cadeia de valor. A fabricação dos estofados, dos pneus e de todos os outros componentes de um automóvel são elos dessa cadeia, bem como os processos de distribuição e logística, posteriores à etapa da montagem do produto final.

Integração vertical

A integração vertical diz respeito ao processo de integrar um ou mais elos do processo produtivo, a montante ou a jusante* do processo executado por determinada empresa. Quando se aplica essa definição no setor automotivo, por exemplo, entende-se que a fabricação dos pneus de um veículo está a montante do processo da montadora de veículos, ao passo que o processo de distribuição está a jusante.

Assim, um dos processos de integração vertical a montante poderia ser exemplificado pela aquisição de uma empresa fabricante de pneus por uma montadora de veículos, a qual passaria a controlar, além da montagem, também a fabricação de um componente. Da mesma forma, a integração vertical a jusante pode ser exemplificada pela aquisição de uma empresa de transportes especializada na logística de veículos novos, a qual passaria a ser controlada também pela montadora.

* *Montante* e *jusante* são conceitos incorporados da geografia e dizem respeito à localização de algo em um rio em relação a uma localização fixa. Por exemplo: se alguém está de frente para um rio, independentemente da margem em que está localizado em relação à nascente, diz-se que está *a montante* daquela posição. Do contrário, se está localizado na direção da foz do rio, diz-se que está *a jusante*.

A Figura 2.1 apresenta opções de integração a montante e a jusante, bem como de integração horizontal.

FIGURA 2.1 - Exemplos de diversificação de um fabricante

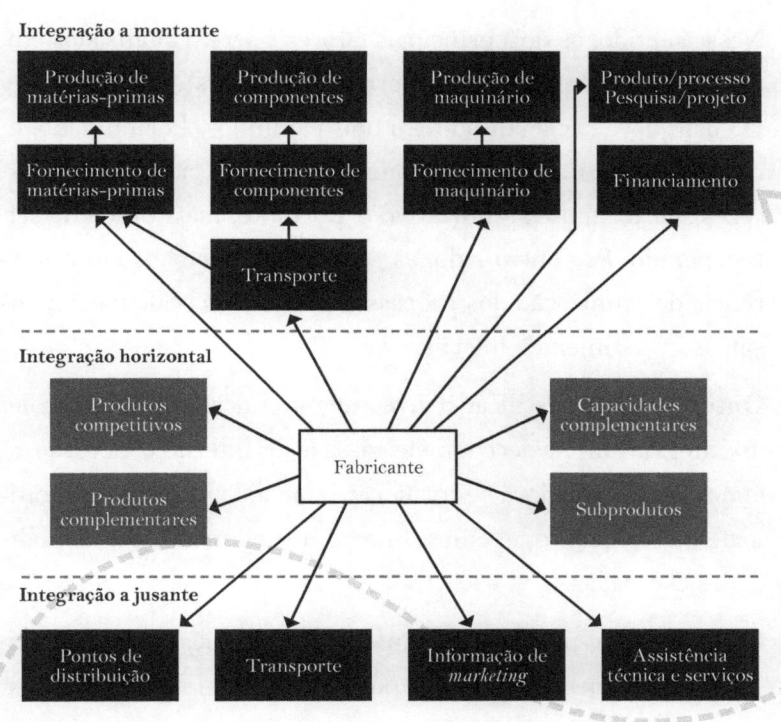

Integração a montante

- Produção de matérias-primas
- Produção de componentes
- Produção de maquinário
- Produto/processo Pesquisa/projeto

- Fornecimento de matérias-primas
- Fornecimento de componentes
- Fornecimento de maquinário
- Financiamento

- Transporte

Integração horizontal

- Produtos competitivos
- Capacidades complementares
- Produtos complementares
- Subprodutos

Fabricante

Integração a jusante

- Pontos de distribuição
- Transporte
- Informação de *marketing*
- Assistência técnica e serviços

Fonte: Johnson; Scholes; Whittington, 2009, p. 205.

A integração vertical, tanto a montante quanto a jusante, pode se revelar como uma grande oportunidade de desenvolver vantagens competitivas. O controle da fabricação de insumos ou da prestação de serviços acessórios pode ser fonte de diferenciação para os concorrentes e, por consequência, de vantagem competitiva. Sob essa ótica, algumas das vantagens da integração vertical consistem em deter um processo produtivo mais completo, o que servirá de força competitiva para inibir a entrada de novos concorrentes, bem como para diminuir o poder de barganha de fornecedores, além de incorporar novas competências, provenientes da nova unidade de negócio.

Nesse sentido, os dois principais fatores a serem analisados em um processo de integração vertical são o custo e o controle. O custo deve ser analisado em dois caminhos. Por um lado, o custo de investimento na nova unidade de negócio pode, muitas vezes, ser bastante significativo e, portanto, mais difícil de ser recuperado. Por outro lado, as economias de custos em decorrência da otimização dos processos produtivos podem compensar os investimentos iniciais.

Outra forma de justificar o investimento inicial é pelo controle. Ao integrar um fornecedor, ele passa a ser interno e, por isso, a empresa controladora se torna capaz de alcançar uma estabilidade maior quanto ao cumprimento dos contratos e das qualidades esperadas.

Contudo, um processo de integração vertical não resulta somente em benefícios. É comum que os maiores resultados acarretem desvantagens. Um desses problemas aparece principalmente quando se compra um fornecedor que anteriormente vendia seus produtos ou serviços para concorrentes da empresa controladora. Por meio da integração, esta passa a ser fornecedora de concorrentes, os quais, muitas vezes, buscam outras alternativas, resultando em menor demanda dos produtos da unidade integrada, o que pode gerar prejuízos financeiros para essa unidade.

Outro fator desafiador para a integração vertical diz respeito à diminuição da flexibilidade, visto que, invariavelmente, será utilizada a unidade de negócio própria, o que, em determinados casos, poderá não ser a escolha ótima para o momento. Por fim, incorporar novas unidades de negócios aumenta as atividades administrativas, o que, em vários casos, gera um significativo custo de burocracia que antes estava nas mãos do fornecedor e não era percebido pela empresa.

Mas o grande desafio da integração vertical repousa sobre a escolha das unidades a serem integradas, tanto a montante quanto a jusante. Conseguir visualizar os ganhos possíveis de uma integração do fornecedor de determinado componente ou serviço é um dos grandes desafios, porém maior ainda é o desafio de identificar os problemas que podem surgir a partir da integração.

Integração horizontal

Na outra direção, a integração horizontal se refere à ação de integrar à corporação outras atividades complementares às atuais. A grande diferença entre as integrações vertical e horizontal é que, na primeira a unidade de negócio incorporada já faz parte diretamente da cadeia de valor, enquanto na horizontal a atividade tem uma conexão, mas nenhuma ligação direta com o processo produtivo.

Um exemplo de integração horizontal diz respeito às empresas de locação de veículos que integraram horizontalmente lojas de veículos seminovos. É possível perceber uma conexão entre as atividades, pois os veículos vendidos nas lojas são provenientes da locadora; entretanto, as atividades são independentes entre si, sendo que cada uma tem competências específicas.

Nesse caso, também um dos grandes desafios está na escolha das atividades complementares. Muitas vezes, as características das duas atividades são tão diferentes entre si que geram um custo burocrático e de investimento que não compensa as sinergias geradas.

2.3
Alianças estratégicas

Nem sempre os processos de diversificação corporativa estão relacionados à abertura ou à aquisição de unidades de negócios fornecedoras de insumos ou serviços da cadeia de valor. Existem múltiplas formas de se diversificar: processos de cooperação – formais e informais –, aquisições, fusões, *joint ventures*, participações acionárias, entre outras possibilidades, as quais são classificadas como alianças estratégicas.

A adoção de alianças estratégicas deve permitir uma melhora das capacidades da empresa para atender às demandas de mercado. Ao entrar em uma aliança estratégica, uma organização pode elevar sua competitividade em seu mercado, obter elementos de diferenciação, aumentar o número de fontes de receitas, ampliar seu *market share* além de aperfeiçoar processos organizacionais e melhorar a governança da empresa.

Na prática, as alianças estratégicas são formadas quando ao menos duas organizações buscam combinar esforços a fim de alcançar objetivos comuns às empresas envolvidas. As organizações procuram alcançar um desempenho conjunto acima da média, o qual, por consequência, também afeta positivamente o desempenho de cada empresa individualmente.

Em diversos casos, *alianças estratégicas* e *cooperação* são conceitos assumidos como sinônimos, o que nem sempre é verdade. Cada forma de aliança estratégica apresenta características específicas em relação à questão da cooperação. Há alianças localizadas em mercados abertos, como no caso de empresas que se unem para fazer aquisições ou vendas em conjunto na intenção de obter ganhos de escala. Por outro lado, há alianças que necessitam de uma conjunção maior entre os fatores hierárquicos das empresas que as formam.

A Figura 2.2 apresenta o nível de interdependência que caracteriza alguns tipos de alianças estratégicas.

FIGURA 2.2 - Nível de interdependência das alianças estratégicas

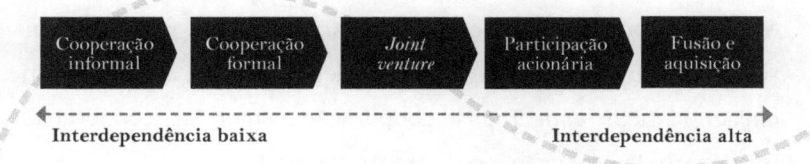

| Cooperação informal | Cooperação formal | *Joint venture* | Participação acionária | Fusão e aquisição |

◄──►
Interdependência baixa   Interdependência alta

Com relação à formalização da aliança estratégica, é preciso destacar que esta pode ser antecedida de um acordo informal. Ou seja, a cooperação informal não inclui acordos formais, mas é de grande importância para o processo de formação de uma aliança estratégica, visto que, muitas vezes, é a porta de entrada para futuras alianças formais.

Grande parte do uso da cooperação informal acontece quando a cooperação implica poucos riscos e o momento exige maior flexibilidade de tentativa e erro. Só então, após a comprovação de sucesso ou de uma tendência de sucesso, pode-se, de fato, consumar uma aliança estratégica formal entre os envolvidos. É importante ressaltar que os contratos, apesar de formalizarem os acordos informais, restringem a flexibilidade. Nesse processo, cada empresa deve identificar o que é mais importante no momento.

O ato de planejar alianças estratégicas está diretamente conectado com o gerenciamento de riscos. Nesse caso, a escolha de um parceiro confiável é extremamente importante, pois é a partir disso que poderão ser feitos os primeiros testes, ainda informais e, com efeito, muito mais flexíveis e menos burocráticos. Em seguida, após esses testes, com uma noção maior do contexto envolvido, pode-se buscar a formalização. Se os trabalhos estiverem sendo realizados de maneira insatisfatória, será muito mais fácil romper o acordo e, possivelmente, menos gastos terão sido feitos.

Ainda quanto aos tipos de alianças estratégicas, é possível identificar três tipos de cooperação que desencadeiam alianças com características específicas: **cooperação comercial**, **cooperação técnica** ou **de produção** e **cooperação financeira**.

Nessa perspectiva, Eiriz (2001) apresenta exemplos de alianças estratégicas, os quais são classificados conforme o grau de cooperação. Dessa forma, o Quadro 2.2 destaca alianças estratégicas relacionadas ao domínio comercial. É possível perceber que todos os grupos apresentam questões de comercialização como centrais para a formação e a manutenção das alianças.

QUADRO 2.2 - Tipos de alianças estratégicas relacionadas ao domínio comercial

DESCRITIVO

Grupo de exportadores

Conjunto de empresas do mesmo sector que cooperam entre si para desenvolvimento dos mercados externos. A cooperação dá-se em diferentes actividades: realização de estudos nos mercados externos, participação conjunta em feiras, publicidade, entre outras. Além das economias de escala desenvolvidas, uma das suas principais vantagens é a possibilidade do grupo poder oferecer uma gama de produtos mais larga.

Acordo de distribuição

Estabelece-se geralmente entre uma empresa produtora de bens finais e outra empresa que possui domínio ou presença nas redes de distribuição do produto ao consumidor final. Neste caso, o distribuidor acede ao produto do produtor e este acede a um ou vários canais de distribuição.

Acordo de representação

Verifica-se quando uma empresa se torna a representante dos produtos e marcas da outra empresa para determinado mercado. O acordo de representação distingue-se da franquia porque envolve um menor nível de integração entre os aliados. Ou seja, ao contrário da franquia, o acordo de representação nem sempre obriga à exclusividade da marca e, por outro lado, pode incluir ou não a distribuição do produto.

(continua)

(Quadro 2.2 – conclusão)

DESCRITIVO
Central de compras
A aliança estratégica estabelece-se por forma a facilitar o acesso das empresas participantes aos seus *inputs* fundamentais. Por norma, as empresas são do mesmo sector e possuem as mesmas necessidades de matérias-primas ou outras. Através da cooperação na compra, elas podem desenvolver economias de escala e adquirir maior poder negocial junto dos fornecedores com repercussões não só em termos de preços mas também qualidade, condições de pagamento e condições de entrega.
Franquia
Ocorre quando uma empresa (franqueador) concede a outra (franqueado) o direito de explorar uma marca, produto ou técnica de sua propriedade num determinado mercado mediante determinadas condições contratuais. Estas condições envolvem contrapartidas financeiras e o cumprimento de procedimentos de gestão e políticas de marketing.
Assistência comercial
Ocorre quando uma empresa estabelece um acordo no sentido de poder externalizar a definição e, sobretudo, a implementação das suas políticas de marketing. Deste modo, a empresa concentra as suas competências noutras actividades, como, por exemplo, a inovação tecnológica dos processos de produção e desenvolvimento de novos produtos, deixando ao parceiro a tomada de algumas decisões comerciais.

Fonte: Eiriz, 2001, p. 72.

Já o Quadro 2.3 apresenta alianças estratégicas cujos domínios são de ordem tecnológica, ou seja, são alianças que buscam sinergia para o desenvolvimento de tecnologia e processos produtivos aperfeiçoados.

QUADRO 2.3 - Tipos de alianças estratégicas relacionadas ao domínio técnico

DESCRITIVO
Consórcio
Esta modalidade estabelece-se entre duas ou mais empresas que possuem capacidades e competências susceptíveis de poderem ser complementadas no desenvolvimento de um projecto técnico de grande envergadura e duração no tempo (por exemplo, construção de uma autoestrada ou ponte). O consórcio pode ou não manter-se para além da realização de um projecto. Muitas vezes, o sucesso de um projecto motiva os parceiros para novos projectos e aprofundamento da relação.
Formação e/ou assistência técnica
Ocorrem com maior frequência em sectores em que a base tecnológica é importante. Neste caso, estabelece-se um acordo entre duas ou mais empresas através do qual poderão ser ultrapassadas determinadas lacunas tecnológicas. Essas lacunas podem resultar da formação da mão de obra que não apresenta as qualificações e competências desejáveis ou de dificuldades de desempenho no equipamento de produção ou nos produtos.
Subcontratação
É um tipo de aliança estratégica através do qual uma empresa (contratante) subcontrata a outra (subcontratada) uma parte do seu processo de produção. Deste modo, as operações desenvolvidas por cada um dos parceiros são diferentes.

(continua)

(Quadro 2.3 – conclusão)

DESCRITIVO
Acordo de produção conjunta
Verifica-se quando duas ou mais empresas produzem conjuntamente os mesmos produtos para satisfazer necessidades de mercado às quais não conseguiriam responder individualmente por falta de capacidade. Este tipo de aliança estratégica distingue-se da subcontratação pelo facto das empresas desenvolverem as mesmas actividades e, por isso, estarem presente na mesma fase do sistema de negócios. Ou seja, as operações desenvolvidas pelos parceiros são iguais.
Acordo de investigação e desenvolvimento
Verifica-se particularmente em sectores onde a actividade de investigação e desenvolvimento de novos produtos e processos assume um peso muito importante. Essa importância é visível na elevada percentagem de custos totais que são afectos à actividade de investigação e desenvolvimento. Esses custos são sobretudo custos fixos e, por isso, as empresas desenvolvem este tipo de alianças para poderem repartir os custos fixos. Por outro lado, podem desenvolver competências técnicas mais facilmente e responder ao mercado mais adequada ou rapidamente com novos produtos.
Licenciamento de patentes
Aliança estratégica através da qual uma empresa (concessionária) concede a outra (licenciada) os direitos de exploração de uma patente, produto ou processo de fabrico mediante uma compensação geralmente de carácter financeiro.

Fonte: Eiriz, 2001, p. 73.

Por fim, o terceiro tipo de aliança é aquele cujo foco está no domínio das questões financeiras. O Quadro 2.4 apresenta os principais exemplos de alianças estratégicas focadas nesse domínio.

QUADRO 2.4 - Tipos de alianças estratégicas relacionadas ao domínio financeiro

DESCRITIVO
Aquisição de empresa
Ocorre quando uma empresa adquire uma posição maioritária no capital de outra empresa.
Participação minoritária em empresa
Verifica-se quando uma empresa adquire uma posição inferior a 50% do capital de outra empresa.
Joint venture
Verifica-se quando duas ou mais empresas constituem uma nova entidade. As *joint ventures* são alianças estratégicas do domínio financeiro porque, tratando-se da constituição de uma nova entidade, envolvem, entre outros recursos, a afectação de capital para a sua estrutura accionista. Contudo, o desenvolvimento deste tipo de aliança é bastante comum para prosseguir objectivos comerciais ou de produção/técnicos.
Fusão
Representa o grau máximo de integração de duas ou mais empresas que decidem fundir as suas estruturas de capitais numa única entidade.

Fonte: Eiriz, 2001, p. 74.

Entre os tipos de alianças estratégicas classificados nos quadros anteriores, alguns merecem destaque por serem os mais utilizados. É isso o que veremos nas subseções a seguir.

Consórcios

Uma forma importante de aliança estratégia são os consórcios, por meio dos quais empresas concorrentes ou complementares se juntam com o objetivo de desenvolver determinado projeto específico. Com um consórcio, espera-se que os recursos destinados à atividade sejam maiores, por serem provenientes de mais empresas, e também que os ganhos gerados na aliança retornem a todas as empresas envolvidas.

Os consórcios, normalmente, são utilizados quando há um interesse em comum no desenvolvimento de uma ideia, mas nenhuma das organizações dispõe dos recursos necessários para fazer isso sozinha. Eles também podem ser estabelecidos quando as organizações preferem dividir os lucros futuros, a fim de que tenham seus riscos de insucesso diminuídos no momento.

Joint ventures

As *joint ventures* se constituem em outra forma de aliança estratégica importante, mais pela dimensão dos projetos que as envolvem do que pela quantidade de vezes em que são adotadas.

Uma *joint venture* pode ser definida como uma associação econômica entre empresas por determinado período. Tais empresas podem ou não ser do mesmo setor, e normalmente essas alianças visam otimizar custos logísticos, industriais, comerciais ou tecnológicos que ambas necessitariam assumir. Assim, por meio dessa associação, elas podem reduzir drasticamente os custos e melhorar as próprias ações.

O grande diferencial de uma *joint venture* está no processo de criação da aliança, pois nenhuma das empresas perde sua personalidade jurídica. Dessa forma, não se trata de uma fusão entre empresas, mas da criação de uma terceira personalidade jurídica, da qual as empresas originais são sócias.

Fusões

Na contramão das *joint ventures*, as fusões são um modelo de negócio em que há a finalização das pessoas jurídicas originais e o surgimento de uma nova pessoa jurídica, da qual as empresas originais são sócias – cada uma com participação definida no acordo de fusão. No caso, a semelhança com as *joint ventures* está no fato de que o processo não é de compra de uma empresa pela outra, mas de associação entre ambas, sendo que, normalmente, uma organização passa a controlar a nova empresa, pelo fato de possuir mais ações desta.

Os motivos por trás das fusões podem ser diversos. Os principais são o crescimento e a diversificação dos negócios, bem como a sinergia gerada e o aumento de capacidades. Quanto aos objetivos de crescimento e diversificação, as fusões podem ser formas de elevar rapidamente a participação de mercado, principalmente por conta do aumento do *mix* de produtos e da superação de barreiras à entrada de novos atores.

Quanto às sinergias, o foco está nas economias de escala, uma vez que a otimização dos processos produtivos e o maior uso das capacidades produtivas acarretam reduções drásticas de custos operacionais. Por fim, as capacidades ligadas às competências e aos recursos são potencializadas, ao se mesclarem forças que podem ser somadas ou complementares umas às outras.

Nesse sentido, podemos elencar as seguintes possibilidades de ganhos para as empresas que justificam a opção por fusões ou aquisições:

- *Economia de escala;*
- *Estratégia para obtenção de crescimento por intermédio de alianças econômicas;*
- *Maior facilidade de acesso a novas tecnologias, mercados e produtos;*
- *Poder de mercado – a maior participação de mercado aumentaria a eficiência da empresa, como decorrência da expansão interna da empresa;*
- *Eliminação da má administração e ineficiência;*
- *Possibilidade de alavancagem de capital e uso de fundos em excesso de um lado (uso de caixa livre) e levantamento de fundos de outro – pode ser utilizado por empresas detentoras de capital e carentes de bons projetos para financiar empresas em crescimento;*
- *Subestimação do real valor de uma empresa – como oportunidade de se beneficiar com a futura valorização;*
- *Vantagens fiscais;*
- *Internalização de funções, em caso de transações verticais, proporciona redução dos custos de transações;*
- *Diversificação do risco – várias junções de empresas reduzem o risco do grupo e a volatilidade das receitas; e*
- *Entrada em novos mercados e novas indústrias – é a forma mais rápida de entrada em novos mercados e indústria e pode proporcionar o tamanho crítico ou ideal para o entrante.* (Samuel; Wilkes, 1996, citados por Oliveira; Rocha, 2006, p. 3-4)

Entretanto, nem tudo se revela vantajoso nas fusões entre empresas. Com efeito, processos culturais enraizados em ambas as organizações geram resistência no processo de mudança organizacional – tema estudado no capítulo anterior.

Outro grande problema relacionado às fusões diz respeito à insegurança gerada nos colaboradores, visto que muitas atividades são repetitivas nas empresas. Dessa forma, torna-se desnecessário ter dois postos de trabalho e, portanto, um deve ser extinguido. Além disso, o processo de mudança enquanto a empresa continua operando é outro desafio. Como prega o ditado popular, "trocar o pneu com o carro andando" é sempre mais difícil. Assim, manter a produtividade e o cumprimento de contratos se revela bastante desafiador.

Aquisições

Entre as formas de alianças estratégicas elencadas neste livro, destacamos, por fim, as aquisições, que dizem respeito àquelas em que empresas são incorporadas por outras por meio da compra de ações ou do controle societário. Nesse modelo, a principal característica é que, independentemente do encerramento ou não da pessoa jurídica adquirida – visto que a empresa compradora poderá mantê-la com o CNPJ (Cadastro Nacional da Pessoa Jurídica) original –, o controle passará totalmente para a adquirente.

Ao contrário do que se costuma praticar em fusões, em que as empresas normalmente apresentam grandes complementaridades, nas aquisições muitas vezes as organizações pertencem a setores completamente distintos. Logo, essa ação faz parte do processo de expansão de algumas empresas para novos setores.

Mesmo que a tendência seja de manutenção da cultura da empresa adquirente, é válido analisar as práticas das duas corporações, a fim de escolher as melhores. Um bom exemplo aconteceu nos últimos anos no setor de telefonia no Brasil, em que uma empresa de Curitiba foi adquirida por uma multinacional. Na nova configuração da empresa, o presidente da organização que foi comprada passou a ocupar o mesmo cargo na adquirente.

2.4 Internacionalização

Um tema paralelo aos demais tratados neste capítulo é a internacionalização. É paralelo pois todos os temas já abordados aqui – integração, fusões, aquisições, *joint ventures*, entre outros – correspondem a ações que podem ser executadas em relação à internacionalização ou não. Nesse sentido, algumas características desse processo lhe são inerentes e afloram em qualquer estratégia corporativa.

Por exemplo, questões culturais impactam diretamente as ações. De qualquer maneira, internacionalizar potencializa as estratégias já examinadas, visto que os possíveis ganhos aumentam consideravelmente, especialmente quando se consideram mercados muitos maiores, com demandas muito mais vastas.

Sob essa ótica, de acordo com Hitt, Ireland e Hoskisson (2011), a internacionalização se torna atraente pelos seguintes motivos:

- prolongamento do ciclo de vida de um produto;
- acesso mais fácil à matéria-prima;
- oportunidades para integrar operações em uma escala global;
- oportunidades para melhor utilizar tecnologias de desenvolvimento rápido;
- acesso aos consumidores em mercados emergentes;
- aumento do tamanho do mercado;
- economias de escala e aprendizagem;
- vantagens de localização.

A internacionalização de empresas ocorre principalmente por meio de três estratégias principais: **transnacional, multidoméstica** e **global**. As estratégias transnacionais buscam mesclar resultados provenientes de ganhos de escala em virtude da atuação global com ganhos locais, ao explorarem demandas regionais das áreas de atuação da empresa.

Já as multidomésticas consistem na exploração das características de cada região envolvida. Nesse modelo, os ganhos de escala não são o principal objetivo. Por fim, na internacionalização como estratégia global, a procura pela padronização de produtos entre os mercados atendidos é a principal fonte de vantagem competitiva e o foco está no ganho de economia de escala. Para o sucesso dessa estratégia, a qual tem seu controle na matriz da empresa, é necessária uma grande interdependência entre as unidades da empresa com o objetivo de incentivar a padronização.

Depois de definir os interesses e as estratégias utilizadas para o processo de internacionalização, é preciso analisar as formas por meio das quais se pode promover esse processo. Uma possibilidade são as alianças estratégicas, as mesmas já abordadas neste capítulo, mas agora regidas sob as características de processos globais, como cultura e questões socioeconômicas.

Além das alianças, a exportação, o licenciamento, as franquias e a abertura de filiais são formas bastante utilizadas para a internacionalização de empresas. A exportação é a mais comum, pois exige somente a operação de comércio exterior e a adequação do desenvolvimento de produtos e serviços às demandas dos possíveis mercados-alvo externos.

Por sua vez, o licenciamento consiste em uma empresa ceder os direitos de fabricação ou de exploração de produtos ou serviços para a exploração em mercados externos nos quais a empresa não atua. A remuneração do licenciamento ocorre, principalmente, por meio do recebimento de taxas de aluguel, *royalties* e participação nos lucros. Trata-se de uma forma que garante riscos pequenos em relação a outras modalidades na exploração do comércio internacional.

Já a abertura de filiais fora do país de origem demanda altos investimentos iniciais, além de conhecimentos específicos sobre riscos provenientes de flutuações de câmbios e aspectos culturais, estruturais e institucionais do país a ser explorado. Por outro lado, a abertura de uma filial permite flexibilidade e controle muito maiores da operação.

Por fim, outra forma destacada de internacionalização consiste no estabelecimento de franquias, por meio das quais a empresa, mediante contratos específicos, cede a empreendedores do país de destino o direito de exploração das marcas, dos produtos e do modelo de negócios. As franquias são facilmente confundidas com o licenciamento; porém, além do licenciamento de processos e produtos, elas proveem toda a identidade visual e de *marketing* que o licenciamento normalmente não explora.

Independentemente de ter como foco o mercado internacional ou o nacional, um dos grandes desafios das estratégias corporativas reside nas formas de monitorar o desempenho das ações planejadas. Se neste capítulo o foco esteve na análise, no planejamento e na definição das estratégias adotadas, nos próximos capítulos o foco estará na definição dos mecanismos de monitoramento, controle e correção dessas estratégias.

Para saber mais

Para aprofundar seus estudos a respeito das estratégias corporativas, sugerimos a leitura da dissertação indicada a seguir, especialmente do Capítulo 3.

LOPES, W. de P. **Uma abordagem para aplicação integrada de cenários de estratégia com avaliação de opções reais em telecomunicações**. 165 f. Dissertação (Mestrado em Administração) – Pontifícia Universidade Católica do Rio de Janeiro, Rio de Janeiro, 2004. Disponível em: <https://www.maxwell.vrac.puc-rio.br/colecao.php?strSecao=resultado&nrSeq=5124@1>. Acesso em: 28 maio 2020.

Síntese

Neste capítulo, abordamos as estratégias corporativas, que visam ao desenvolvimento, ao aprimoramento e à manutenção da vantagem competitiva da empresa. Vimos aqui as quatro estratégias corporativas que ganharam destaque ao longo dos estudos organizacionais: a penetração de mercado, o desenvolvimento de produtos, o desenvolvimento de mercado e a diversificação. Nosso foco foi a estratégia de diversificação, que pode ser classificada como relacionada e não relacionada.

Como explicamos, nesse processo um dos conceitos mais importantes é o de integração, que se refere à ação de incorporar à empresa a fabricação ou a prestação de serviços complementares. Os processos de integração podem ser classificados como verticais ou horizontais.

Também como discutimos ao longo deste capítulo, os processos de diversificação corporativa não necessariamente estão ligados à abertura ou à aquisição de unidades de negócios fornecedoras de insumos ou serviços da cadeia de valor. A esse respeito, elencamos algumas das diferentes formas para estabelecer essa diversificação, as quais são conhecidas como *alianças estratégicas*, temática amplamente examinada no capítulo.

Por fim, apresentamos brevemente alguns conceitos sobre a internacionalização de empresas, que pode ser realizada por meio de três estratégias principais: transnacional, multidoméstica e global.

Questões para revisão

1. Descreva as principais estratégias de diversificação de uma empresa.

2. Quais são os principais desafios da internacionalização de empresas?

3. (Fundep – 2012 – Prefeitura de Belo Horizonte-MG) Igor Ansoff apresentou um esquema pioneiro conhecido como matriz de Ansoff, que classifica as estratégias empresariais em quatro categorias: penetração no mercado, desenvolvimento de mercado, desenvolvimento de produto e diversificação. Considerando o exposto, numere a COLUNA II de acordo com a COLUNA I.

COLUNA I

1. Penetração no mercado

2. Desenvolvimento de mercado

3. Desenvolvimento de produto

4. Diversificação

COLUNA II

( ) Estratégia de explorar novos mercados com novos produtos

( ) Estratégia de explorar produtos tradicionais em um mercado tradicional.

( ) Estratégia de explorar mercados tradicionais com produtos novos.

( ) Estratégia de explorar um mercado novo com produtos tradicionais.

Assinale a alternativa que apresenta a sequência de números CORRETA.

a. (4) (1) (2) (3).

b. (3) (4) (2) (1).

c. (1) (4) (3) (2).

d. (4) (1) (3) (2).

4. (Funcab – 2014 – Inca) A aliança estratégica para consecução de um serviço assistencial pode ter como justificativa, entre outras, a necessidade de coespecialização e de desenvolvimento de competências. A tabela a seguir exemplifica tipos de alianças estratégicas:

Fatores influenciadores	Formas de relação		
	Indefinidas (mercado) • Redes • Alianças oportunas	Contratuais • Licenciamento • Franquias • Subcontratação	Propriedades • Consórcios • Joint ventures
O mercado • Velocidade de mudança de mercado	Mudança rápida	⟶	Mudança lenta
Recursos • Gerenciamento de ativos • Ativos dos sócios • Risco de perder ativos para o sócio	Administrando separadamente por sócio	⟶	Administrado conjuntamente
	Baseia-se nos ativos da controladora	⟶	Ativos dedicados para a aliança
	Alto risco	⟶	Baixo risco
Perspectivas • Dividir o risco financeiro • Clima político	Manter o risco	⟶	Diluir o risco
	Clima desfavorável	⟶	Clima favorável

Acerca das alianças estratégicas exemplificadas, é correto afirmar que:

a. as *joint ventures* são acordos através dos quais duas ou mais organizações trabalham em colaboração, sem relações formais.

b. as redes são acordos nos quais as organizações permanecem independentes, mas estabelecem uma nova empresa de propriedade conjunta dos sócios.

c. o licenciamento é um acordo entre organizações, sendo comum em segmentos relacionados a pesquisa e produção científica, nos quais, por exemplo, o direito de prestar um serviço patenteado é garantido através do pagamento de uma taxa.

d. a subcontratação é uma estratégia na qual o detentor da marca cede seu direito de uso.

e. a franquia ocorre quando uma companhia decide contratar outra companhia para realizar parte dos serviços para os quais a primeira foi contratada diretamente.

5. (UFG – 2018 – Câmara Municipal de Goiânia) A matriz de Ansoff classifica as estratégias empresariais em quatro categorias: penetração de mercado, desenvolvimento de mercado, desenvolvimento de produto e diversificação. A categoria penetração de mercado, em particular, representa a estratégia de explorar

a. produtos existentes em mercados existentes.

b. produtos existentes em novos mercados.

c. produtos novos em mercados existentes.

d. produtos novos em novos mercados.

Questões para reflexão

1. Uma grande fabricante de móveis brasileira decide abrir um porto particular com o objetivo de escoar seus produtos. Diante disso, reflita sobre os seguintes questionamentos:

   a. Que tipo de integração ocorreria nesse processo?

   b. Quais seriam os principais pontos positivos e negativos a serem enfrentados pela empresa?

2. Suponha que uma agroindústria brasileira decidiu diversificar seus mercados. Para tanto, ela pesquisou e decidiu desenvolver seu mercado no exterior. Assim, escolheu a região do Oriente Médio como alvo para vender seu principal produto: o frango congelado. Sob essa perspectiva, considere as seguintes questões:

   a. Quais serão os principais desafios desse processo de internacionalização?

   b. Quais pontos positivos poderiam justificar essa decisão da empresa?

capítulo 3

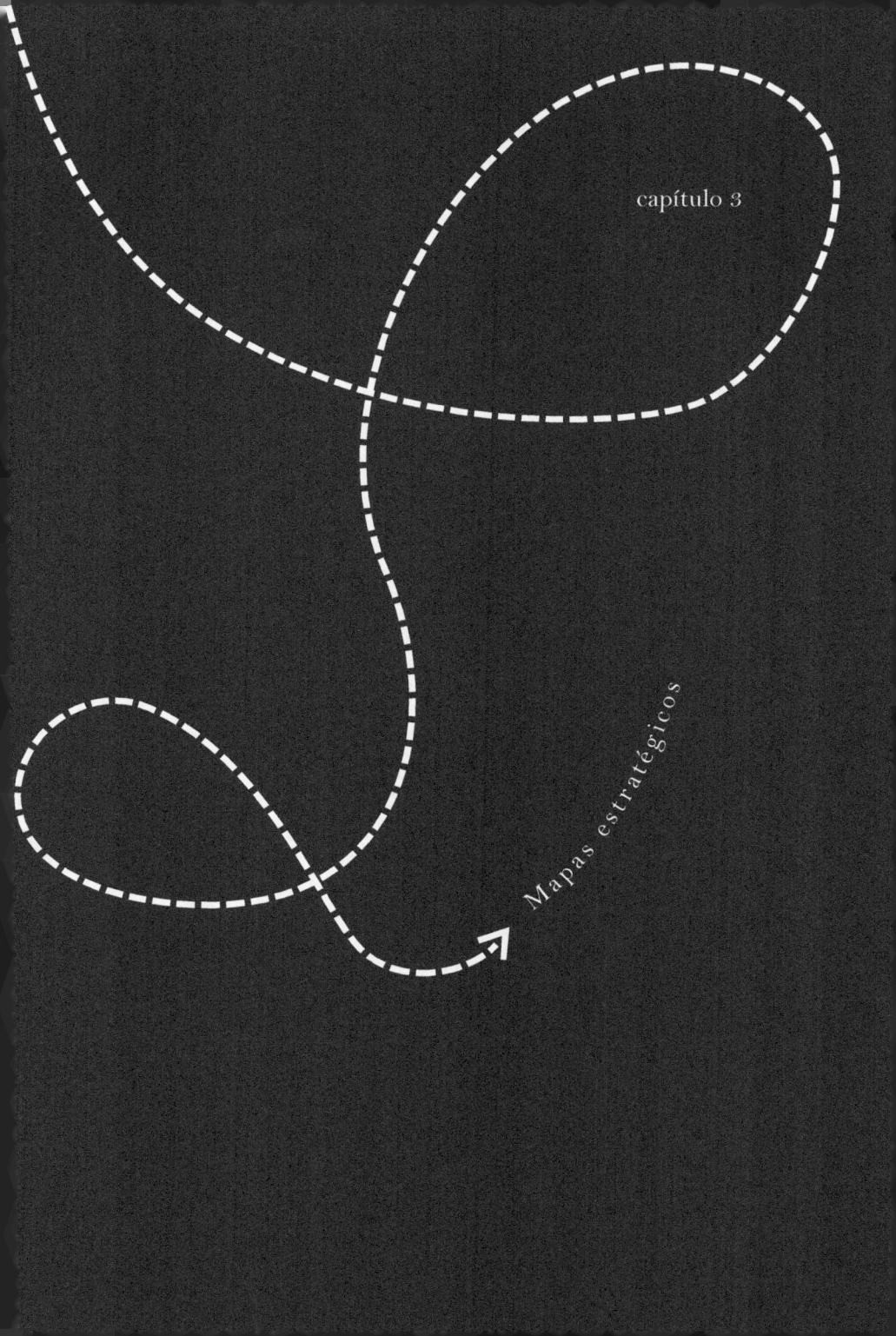

Mapas estratégicos

Conteúdos do capítulo:

- Mapas estratégicos.
- Perspectiva financeira.
- Perspectiva dos clientes.
- Perspectiva dos processos internos.
- Perspectiva de aprendizado e crescimento.

Após o estudo desse capítulo, você será capaz de:

1. compreender os conceitos de mapas estratégicos e das perspectivas organizacionais;
2. identificar os elementos de cada perspectiva organizacional;
3. elaborar um mapa estratégico alinhando as perspectivas estudadas.

3.1

A importância da etapa de implementação da estratégia

Por meio do planejamento estratégico, uma organização busca definir a forma como pretende gerar valor aos acionistas. Além de estabelecer uma estratégia para alcançar esse valor (ou seja, um futuro pretendido, em que se concilia a expectativa de acontecimentos com a de realização), o ato de planejar estrategicamente colabora para que as organizações atinjam seus objetivos. Nesse sentido, a partir da execução do planejado, a empresa se desenvolve mais do que antes e conhece melhor seus ambientes interno e externo, o que já é um avanço. Porém, tal medida não é mais suficiente para garantir que uma organização se destaque em um ambiente altamente competitivo.

Desse modo, o grande desafio das organizações reside na execução da estratégia planejada. Sob essa ótica, segundo Sull, Homkes e Sull (2015), que entrevistaram cerca de oito mil gestores em mais de 250 organizações, dois terços de todas as empresas têm grande dificuldade em executar a estratégia planejada. Como apresentado no Quadro 3.1, a seguir, os autores afirmam que existem muitos trabalhos sobre o planejamento, mas poucos a respeito da execução da estratégia. Para eles, a execução da estratégia necessita ser coordenada entre as unidades de negócio, além de ser desenvolvida com agilidade para se adaptar às mudanças (Sull; Homkes; Sull, 2015).

QUADRO 3.1 - Por que a execução da estratégia falha?

O problema	O que o estudo visualizou?	As recomendações
Temos milhares de guias para o planejamento de uma estratégia, mas poucos sobre como executá-las. E a dificuldade em alcançar a excelência na execução é um obstáculo na maioria das empresas.	Os executivos atribuem a má execução a uma falta de alinhamento e a uma fraca cultura de desempenho. Porém, na maioria das empresas, as atividades se alinham bem com os objetivos estratégicos e as pessoas são bem recompensadas pelo seu desempenho.	Para bem executar suas estratégias, as organizações precisam coordenar as atividades de maneira uniforme entre unidades ou setores diferentes e também estruturar ações táticas que incentivem ou permitam que sejam tomadas ações de forma ágil pelos seus colaboradores, para que a execução da estratégia seja facilitada.

Fonte: Elaborado com base em Sull; Homkes; Sull, 2015.

Conforme observamos no Quadro 3.1, a execução do planejamento estratégico é uma etapa negligenciada e, por isso, deve ser acompanhada com cuidado. Sob essa ótica, neste capítulo, apresentaremos o conceito de mapas estratégicos, que são ferramentas endereçadas à melhor operacionalização da etapa de implementação da estratégia.

3.2

Mapas estratégicos e perspectivas organizacionais

De acordo com Kaplan e Norton (2004, p. 5), "a estratégia de uma organização descreve como ela pretende criar valor para seus acionistas, clientes e cidadãos". Contudo, segundo os mesmos autores, "não existem duas organizações que pensem sobre estratégia da mesma maneira" (Kaplan; Norton, 2004, p. 5).

Assim, compreendendo-se a necessidade de desenvolver a capacidade de implementar a estratégia planejada (particular a cada empresa), é preciso elaborar planos de ações que abarquem as necessidades específicas das organizações. Nessa direção, conforme Kaplan e Norton (2004), toda estratégia de uma empresa deve contemplar ao menos quatro perspectivas, e não focar somente a perspectiva financeira, mesmo que esta possa ser o grande objetivo final.

Como expõem os autores, a estratégia de uma organização deve compreender as seguintes perspectivas: **financeira; dos clientes; de processos internos; de aprendizado e crescimento** (Kaplan; Norton, 2004). Em cada uma delas, devem ser elaborados objetivos e indicadores que gerarão valor. Além disso, as quatro perspectivas devem estar alinhadas entre si, revelando relações de causa e efeito entre os diversos objetivos de cada área, visto que as organizações não são mais compostas por áreas independentes, cujas ações não impactam outras áreas (Kaplan; Norton, 2004).

Além do desafio de planejar essas quatro perspectivas e de forma interligada, outra questão desafiadora que se apresenta é tornar a estratégia planejada o mais compreensível possível para os colaboradores envolvidos. Para tanto, uma ferramenta bastante eficiente é o mapa estratégico (Figura 3.1), que alinha as perspectivas mencionadas.

Figura 3.1 - Relação de causa e efeito entre as perspectivas do mapa estratégico

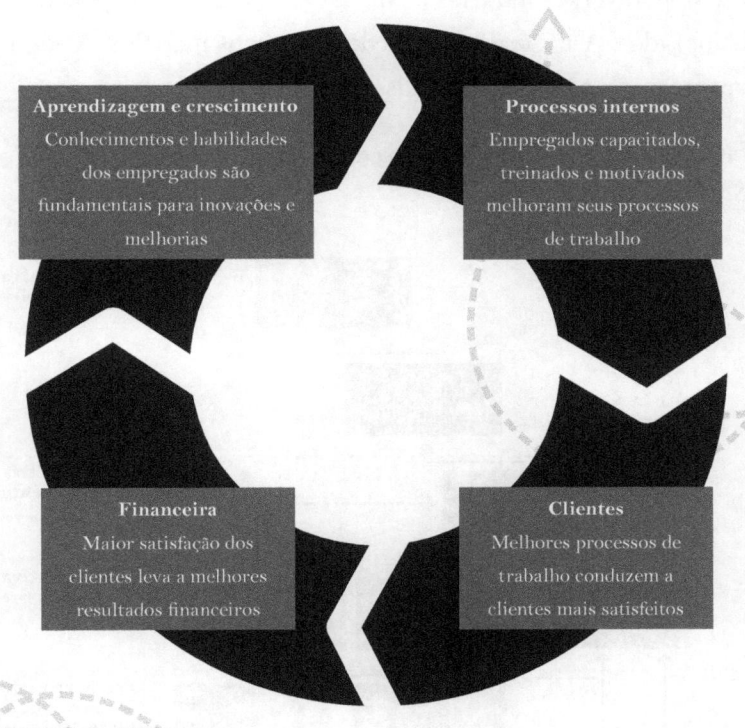

Aprendizagem e crescimento
Conhecimentos e habilidades dos empregados são fundamentais para inovações e melhorias

Processos internos
Empregados capacitados, treinados e motivados melhoram seus processos de trabalho

Financeira
Maior satisfação dos clientes leva a melhores resultados financeiros

Clientes
Melhores processos de trabalho conduzem a clientes mais satisfeitos

Fonte: Camargo, 2017.

Os mapas estratégicos se constituem em representações gráficas que facilitam aos envolvidos visualizar e aplicar a estratégia da empresa. Um bom mapa estratégico é capaz de demonstrar todos os objetivos estratégicos definidos para cada perspectiva, bem como seus indicadores, suas metas e as iniciativas relacionadas. Além disso, o mapa estratégico permite observar a relação de causa e efeito entre os objetivos de diferentes perspectivas, o que pode ser feito por meio do uso de setas ligando os diversos elementos do mapa ou mesmo de maneira subentendida, pela alta correlação entre os objetivos.

Existem diversos modelos de mapas estratégicos que podem ser elaborados. A Figura 3.1 é um desses vários modelos. A seguir, apresentamos outros modelos nas Figuras 3.2, 3.3 e 3.4.

FIGURA 3.2 - Modelo de mapa estratégico do *Balanced Scorecard* I

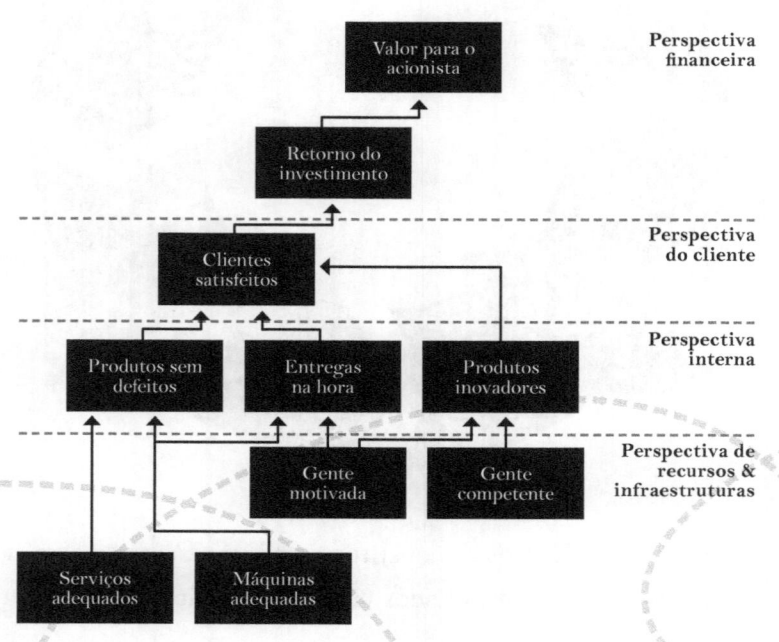

Fonte: Paula, 2015.

FIGURA 3.3 – Modelo de mapa estratégico do *Balanced Scorecard* II

Perspectiva financeira

- Estratégia de produtividade
  - Melhorar a estrutura de custos
  - Aumentar a utilização dos ativos
- Valor a longo prazo para os acionistas
- Estratégia de crescimento
  - Expandir as oportunidades de receita
  - Aumentar o valor para os clientes

Perspectiva do cliente

Proposição de valor para o cliente

Atributos do produto/serviço				Relacionamento		Imagem
Preço	Qualidade	Disponibilidade	Seleção	Funcionalidade	Serviços	Parcerias	Marca

Perspectiva interna

- Processos de gestão operacional
  - Abastecimento
  - Produção
  - Distribuição
  - Gerenciamento de riscos
- Processos de gestão de clientes
  - Seleção
  - Conquista
  - Retenção
  - Crescimento
- Processos de inovação
  - Identificação de oportunidades
  - Portfólio de P&D
  - Projeto/desenvolvimento
  - Lançamento
- Processos regulatórios e sociais
  - Meio ambiente
  - Segurança e saúde
  - Emprego
  - Comunidade

Perspectiva de aprendizado e crescimento

- Capital humano
- Capital da informação
- Capital organizacional
  - Cultura
  - Liderança
  - Alinhamento
  - Trabalho em equipe

Fonte: Kaplan; Norton, 2004, p. 11.

FIGURA 3.4 – Modelo de mapa estratégico do *Balanced Scorecard* III

Perspectiva financeira

Criar valor para acionista

Crescer vendas e criar novas fontes de receita	Produtividade
Venda de conteúdo transacional via licenciamento / Venda de conteúdo transacional via App Store	Obedecer margem de contribuição e despesas conforme metas do orçamento

Práticas de governança corporativa

--- Orçamento ---

Perspectiva do cliente

Construir marca de forma consistente e coerente

Ser reconhecido por nossos clientes, parceiros e fornecedores como a mais modular, flexível e segura plataforma de distribuição e venda de conteúdo digital multimídia com experiência de uso impecável

Satisfação do cliente

Conquistar e manter excelência operacional

Construir e ampliar relacionamento com clientes, fornecedores e parceiros

Perspectiva dos processos internos

P&D
1. Antecipar tendências de mercado e concorrência
2. Articular estratégias de valorização e inovação da plataforma

Produção
3. Contratar e gerenciar centro especializado em desenvolvimento de software

Vendas & canais
4. Mapear e desenvolver o ecossistema de parceiros, fornecedores e fabricantes
5. Mapear e desenvolver canais de vendas com característica sell through com capilaridade

Marketing
6. Elaborar posicionamento e mensagens por característica de público
7. Construir a marca e assets visuais
8. Construir presença da marca via web utilizando táticas de inbound e content marketing

Fullfilment
9. Implementar gateway de pagamento com suporte e proteção do conteúdo via CRM

F&A
10. Definir e implementar estratégia de investimento e funding
11. Implementar e manter disciplina orçamentária e fiscal

Perspectiva da organização

Capital humano e organizacional

Construir uma organização talentosa com skill compatível com desafio que promova a democracia com remuneração por performance

Ações socioambientais

Informação

Construir infraestrutura escalável e redundante que comporte um nível de serviço de 95%

Fonte: Brandme Consultoria, 2020.

Conforme você pôde observar na Figura 3.4, as quatro diferentes perspectivas do mapa estratégico estão relacionadas em uma ordem específica, demonstrando um princípio fundamental dessa ferramenta, que é a relação de causa e efeito presente entre os diferentes indicadores (Kaplan; Norton, 1997, 2004). Ou seja, de modo geral, as quatro perspectivas se relacionam como áreas que apresentam indicadores de desempenho, os quais, se atingidos (causa), promoverão o alcance do indicador da área subsequente (efeito). Assim, a perspectiva da organização apresenta indicadores que se referem à causa da perspectiva dos processos internos; estes, por sua vez, dizem respeito à causa dos indicadores da perspectiva do cliente; por fim, esta última perspectiva apresenta indicadores que, quando atingidos, provocarão o resultado financeiro esperado, expresso pelos indicadores da perspectiva financeira. A seguir, analisaremos como funciona cada uma dessas perspectivas.

Perspectiva financeira

A perspectiva financeira deve ser a primeira a ser planejada. Os objetivos financeiros são os principais delineadores dos objetivos das outras perspectivas. Nas organizações, tais objetivos compreendem o crescimento das receitas, dos lucros e do valor das empresas.

De acordo com Kaplan e Norton (1997), os resultados financeiros não devem ser analisados isoladamente, pois dependem do estágio em que a organização se encontra em seu ciclo de vida. Os autores identificaram três estágios: crescimento, sustentação e colheita.

IMPORTANTE!

Segundo a perspectiva financeira, a maior satisfação dos clientes leva a melhores resultados financeiros.

Na fase de **crescimento**, as organizações têm produtos ou serviços ainda não totalmente explorados, mas com grande potencial de crescimento. Esse potencial precisa ser trabalhado e, para tanto, diversos recursos devem ser comprometidos nesse processo, o que gerará demonstrativos financeiros inexpressivos e, muitas vezes, negativos quanto aos lucros e aos fluxos de caixa. Em empresas que se encontram nessa fase, os objetivos estratégicos precisam estar relacionados ao crescimento de receitas e conectados à abertura de novos mercados e ao lançamento de novos produtos.

Na fase de **sustentação**, por sua vez, as empresas já estão estabelecidas e partem para otimizar seu funcionamento. Nesse período, elas investem buscando ampliar a capacidade e melhorar seus processos produtivos, a fim de aumentar sua lucratividade. Logo, seus objetivos estratégicos estão ligados aos indicadores contábeis de lucro, como margem de contribuição.

Por fim, na fase de **colheita**, as empresas estão bem estabelecidas e procuram colher os frutos dos investimentos realizados nas fases anteriores. Nessa etapa, novos investimentos só são feitos diante de grandes oportunidades ou necessidades. Os objetivos estratégicos estão relacionados à maximização das sobras de caixa, no intento de maximizar os lucros da empresa.

Como é possível perceber, os objetivos em cada fase são bastante diferentes, o que exige um bom planejamento estratégico para que a execução da estratégia definida não entre em colapso depois de ser iniciada. Além de realizar um grande planejamento inicial – pelo fato de as organizações se constituírem em organismos vivos, que mudam de fases –, é necessário promover um contínuo acompanhamento dos objetivos estratégicos para que a estratégia predefinida seja mantida ou alterada de acordo com as necessidades.

Cabe observar que, para uma boa elaboração da perspectiva financeira do *Balanced Scorecard* (BSC), seus executores precisam dispor de conhecimentos sobre indicadores financeiros. São exemplos de indicadores dessa área: crescimento da receita, redução de custos operacionais, redução do ciclo de caixa, Ebitda (*Earnings Before Interest, Taxes, Depreciation and Amortization*), lucro líquido e *markup*, entre outros.

Entretanto, tais indicadores devem ter suas metas definidas por meio de um eficiente planejamento orçamentário que contemple todas as questões de investimentos, gastos e receitas. Dessa forma, será possível traçar uma estratégia na perspectiva financeira que permita à empresa alcançar seus objetivos – por exemplo, para que seja possível investir em um novo mercado, é necessário que o indicador Ebitda cresça, a fim de que a empresa adquira uma folga de caixa.

Perspectiva do cliente

A perspectiva do cliente trata dos objetivos relacionados ao mercado, ou seja, do relacionamento com os clientes. Assim, seus principais objetivos estratégicos dizem respeito ao crescimento de mercado ou à diversificação.

> **IMPORTANTE!**
>
> Na perspectiva do cliente, melhores processos de trabalho conduzem a clientes mais satisfeitos.

Essa perspectiva é de suma importância para a perspectiva financeira, pois são as negociações comerciais do mercado que gerarão os resultados financeiros esperados na outra perspectiva. Para seu desenvolvimento, recebem destaque objetivos relacionados ao volume de vendas, às vendas por regiões e ao custo de aquisição de clientes.

Tais objetivos de mercado devem estar alinhados aos objetivos financeiros definidos anteriormente. Partindo-se dos resultados financeiros esperados, devem-se elaborar os objetivos comerciais que os suportarão, ou seja, é necessário definir as ações do ponto de vista dos clientes, as quais, se forem bem executadas, permitirão a obtenção das receitas ou dos lucros almejados na perspectiva financeira. Por exemplo: pode haver o objetivo financeiro de elevar as receitas em determinado período, o que demandará que, do ponto de vista do mercado, haja aumento dos clientes ou do *ticket* médio das compras dos clientes atuais ou, ainda, a abertura de novos mercados.

Dessa forma, a perspectiva do cliente busca contemplar todas as ações ligadas ao mercado consumidor. Logo, é essencial identificar os mercados interessantes para a empresa, bem como o perfil desejado dos clientes. Ademais, segundo Kaplan e Norton (1997), reconhecer o real valor oferecido aos clientes é de grande importância para que seja possível explorar o mercado de maneira mais assertiva.

Além disso, é natural que, com uma maior competitividade entre os concorrentes, aumentem também os cuidados e os investimentos na perspectiva que atende aos clientes. Do ponto de vista da operacionalização do BSC, quanto à perspectiva dos clientes, alguns indicadores são muito utilizados, com destaque para o *market share*, que reflete a fatia do mercado da empresa. Além desse indicador, outro de extrema recorrência diz respeito à fidelização de clientes, por meio do qual se busca identificar a quantidade de clientes ou de receitas provenientes dos consumidores que compram assiduamente da empresa.

Decorrente da globalização, o acirramento da competitividade entre as empresas gerou uma mudança de esforços entre as perspectivas do BSC. Assim, muitas organizações deixaram de se dedicar majoritariamente ao desenvolvimento ou ao aperfeiçoamento dos produtos ou processos internos e passaram a direcionar grandes esforços aos clientes, a fim de identificar suas necessidades, para somente depois focar a perspectiva dos processos internos.

Depois de reconhecerem as necessidades de seus mercados consumidores, as empresas serão capazes de identificar o que Kaplan e Norton (1997) chamam de **proposta de valor**: o que elas conseguirão ofertar ao mercado com base nas necessidades dos consumidores.

Com a proposta de valor bem definida e o mercado-alvo identificado, a organização estará apta para definir os objetivos relacionados à perspectiva dos processos internos.

Perspectiva dos processos internos

A perspectiva dos processos internos, como o próprio nome sugere, diz respeito aos processos operacionais internos da empresa. Nessa perspectiva, busca-se identificar as maneiras de se desenvolver a operação da organização a fim de prover as demandas de atendimento das necessidades dos clientes, reconhecidas na perspectiva anterior, as quais, por sua vez, darão sustentação ao alcance dos objetivos financeiros iniciais. Por exemplo: para que seja possível alcançar maior satisfação dos clientes ou o aumento da quantidade de clientes ativos da empresa, ela deverá desenvolver um bom programa de P&D (pesquisa e desenvolvimento) de novos produtos, com indicadores para medir essas capacidades.

IMPORTANTE!

Conforme a perspectiva dos processos internos, empregados capacitados, treinados e motivados melhoram seus processos de trabalho.

Conforme Kaplan e Norton (1997), a grande diferença do BSC em relação aos processos internos é que a maioria das outras metodologias foca a melhoria dos processos já existentes, enquanto o BSC se concentra na elaboração de toda uma proposta de valor. Para tanto, é essencial dispor de bons processos de desenvolvimento de inovação, os quais serão fontes de vantagens competitivas tanto com novos produtos quanto por meio de processos mais eficientes.

Para atender de maneira eficiente ao mercado, são necessários bons produtos e bons processos operacionais. Os primeiros ficam a cargo de um setor de desenvolvimento. Já os processos envolvem diversas áreas, as quais precisam estar alinhadas para otimizar suas atividades; assim, devem ser identificados indicadores que possam monitorar tais processos. São exemplos de indicadores da área: número de novos produtos lançados; entregas realizadas no prazo; percentual de produtos com defeitos entregues aos clientes; tempo de espera dos clientes, entre outros.

Para exemplificar, podemos considerar que, a fim de ampliar as receitas com vendas, um dos objetivos estratégicos da perspectiva dos processos internos pode ser o desenvolvimento de novos produtos, a diminuição do tempo de entrega dos produtos aos clientes (o que levará a uma maior fidelização) ou, ainda, a redução do preço final do produto em virtude do aumento da eficiência produtiva.

Nesses casos, podemos perceber a necessidade de que a organização e os indivíduos envolvidos disponham de certas competências, as quais serão traçadas na última perspectiva: de aprendizado e crescimento.

Perspectiva de aprendizado e crescimento

Definidos os objetivos estratégicos nas perspectivas financeira, dos clientes e dos processos internos, devem-se desenvolver as competências necessárias ao alcance de tais objetivos. Para tanto, os indivíduos envolvidos nos processos organizacionais são importantíssimos e, por isso, precisam se aperfeiçoar.

IMPORTANTE!

A perspectiva de aprendizado e crescimento considera que os conhecimentos e as habilidades dos empregados são fundamentais para a promoção de inovações e melhorias.

Nesse aspecto, a perspectiva de aprendizado e crescimento busca desenvolver as pessoas, para que os processos sejam aperfeiçoados e novos produtos sejam desenvolvidos. Com efeito, isso melhorará o nível de atendimento do mercado consumidor e resultará em resultados financeiros mais positivos para empresa, finalizando o fluxo do BSC.

Além dos indivíduos, essa perspectiva procura investir também em equipamentos que trarão benefícios de longo prazo, como os necessários ao departamentos de P&D da empresa, ou equipamentos altamente qualificados para a produção, tais como robôs ou *softwares*.

Ao considerar os recursos humanos e técnicos da empresa, a perspectiva de aprendizado e crescimento serve de sustentação para os objetivos dos processos internos, visto que estes são executados ou supervisionados pelos indivíduos com ou sem o auxílio de determinadas tecnologias.

Além de desenvolver os recursos humanos, são funções dessa perspectiva a retenção das pessoas, o engajamento dos colaboradores em treinamentos, entre outras. Tendo em vista esses objetivos, é importante gerar indicadores relevantes, os quais servirão de norte para o monitoramento das atividades.

3.3 Benefícios do uso de mapas estratégicos

Ao visualizarem de maneira clara a estratégia de uma organização, os gestores terão uma visão homogeneizada do funcionamento completo da empresa, por todos os colaboradores envolvidos. Assim, uma equipe que tem um discernimento sobre o entrelaçamento das diversas perspectivas e da dependência entre as áreas da organização e seus objetivos terá uma chance muito maior de implementar com eficiência a estratégia deliberada.

Em suma, conforme expõe Camargo (2017, grifo do original), alguns dos principais benefícios do uso de mapas estratégicos são os seguintes:

#01 – **Apresentam uma representação visual clara, simples e fácil de entender.** *[...] é muito mais fácil de lembrar e de compreender algo colocado de uma maneira mais atraente – por meio de uma imagem – do que algo escrito em um caderno ou de informações puramente textuais enviadas por email.*

#02 – **Unificam todos os objetivos em uma única estratégia.** *Muitas vezes, as organizações têm ideias vagas sobre a estratégia da empresa. Colocando todos esses conceitos num Mapa Estratégico, os membros de cada equipe conseguirão interpretar melhor e direcionar seus esforços a fim de atingir o objetivo da organização.*

#03 – Fazem com que colaboradores trabalhem com um mesmo objetivo em mente. Com Mapas Estratégicos a estratégia organizacional é de conhecimento de todos, não apenas da liderança. Desse modo, todos se sentem parte da empresa.

#04 – Ajudam na identificação de objetivos-chave. Quando existe a decisão de criar um Mapa Estratégico, pensa-se em metas principais, que se desdobrarão em secundárias.

#05 – Permitem um melhor entendimento de quais fatores estratégicos precisam ser trabalhados. Quando todos os objetivos estão expostos de maneira clara, é mais fácil perceber e avaliar aqueles que precisam de melhorias.

#06 – Ajudam a mostrar como os objetivos se relacionam. Mapas Estratégicos abordam quatro perspectivas:

- *Financeira;*
- *Clientes;*
- *Processos Internos;*
- *Aprendizado e Crescimento.*

Ao olhar para cada uma delas, é possível ver quais objetivos são mais críticos e quanto o sucesso ou falha de cada objetivo pode mudar toda a estratégia.

Depois de compreender a importância e os componentes dos mapas estratégicos, os próximos passos estão relacionados à construção dessa ferramenta. Para tanto, apresentaremos no próximo capítulo a metodologia do BSC, o mais famoso dos mapas estratégicos.

Para saber mais

Para saber mais sobre os mapas estratégicos, recomendamos a leitura do seguinte artigo:

PENHA, R. da S. B.; COSTA, J. A. F. Constatações sobre a construção de mapas estratégicos: um estudo de caso no terceiro setor. **Revista GEPROS**, ano 7, n. 3, p. 41-56, jul./set. 2012. Disponível em: <https://revista.feb.unesp.br/index.php/gepros/article/view/788>. Acesso em: 28 maio 2020.

Síntese

Neste capítulo, abordamos os mapas estratégicos, uma ferramenta que traduz a estratégia planejada de uma empresa para um documento de fácil visualização para todos os envolvidos. Além disso, destacamos que o planejamento estratégico de uma organização busca definir a forma por meio da qual ela pretende gerar valor para os acionistas.

A essência do mapa estratégico consiste em representar uma estrutura de indicadores de monitoramento e controle de ações e objetivos específicos, de maneira a traduzir, de forma micro, as diretrizes macro e de longo prazo da estratégia. Assim, podemos afirmar que o mapa estratégico é uma tradução da estratégia em indicadores menores e de mais fácil acompanhamento pelos executores das rotinas de uma organização.

Conforme indicamos neste capítulo, o mapa estratégico apresentado pelo modelo do BSC é uma ferramenta proveitosa para se obter êxito na implementação da estratégia. Vimos que o grande desafio da área de gestão estratégica é, justamente, operacionalizar a estratégia em ações de fácil compreensão pelos membros da organização, que acabam tendo dificuldade de compreender a natureza de uma estratégia desenvolvida pela cúpula diretiva. Mais do que isso, é difícil para eles verem sentido em uma estratégia – seja corporativa, seja de negócios – que não apresente uma tradução clara e objetiva em seu setor de atuação.

É assim que o mapa estratégico contribui para a execução da estratégia, pois se trata de uma tradução da estratégia geral da organização nas quatro áreas fundamentais de qualquer empresa. *Grosso modo*, podemos reconhecer qualquer setor de uma organização em quatro áreas básicas: financeira, de relacionamento com clientes (*marketing*, comercial ou atendimento), de operações e de competências humanas e informacionais. Por isso, as quatro perspectivas do BSC e sua lógica de relação causa e efeito são poderosas para traduzir estratégias de amplo escopo em indicadores de mais fácil monitoramento e execução.

Questões para revisão

1. Descreva as quatro perspectivas do mapa estratégico apresentadas neste capítulo.
2. Quais são as principais características de um bom mapa estratégico?
3. Avalie as opções a seguir e, na sequência, assinale a alternativa que apresenta aquelas que fazem parte de um mapa estratégico:

I. Perspectiva de aprendizado e crescimento.

II. Perspectiva dos processos internos.

III. Perspectiva financeira.

IV. Perspectiva dos clientes.

a. I e III.

b. I, II, III e IV.

c. Somente IV.

d. II e IV.

4. (Esaf – 2013 – MF) A descrição clara da história e da lógica da estratégia, através de sua relação da causa e efeito entre os objetivos estratégicos, indicando claramente o que a organização deverá fazer acontecer para gerar valor, pode ser encontrada:

a. nos fatores críticos de sucesso.

b. no ciclo PDCA.

c. na matriz SWOT.

d. nos indicadores de desempenho.

e. no mapa estratégico.

5. Assinale a alternativa **incorreta** sobre os mapas estratégicos:

a. Os mapas estratégicos se constituem em representações gráficas que facilitam aos envolvidos visualizar e aplicar a estratégia da empresa.

b. Um bom mapa estratégico é capaz de demonstrar todos os objetivos estratégicos definidos para cada perspectiva, bem como seus indicadores, suas metas e as iniciativas relacionadas.

c. O mapa estratégico permite observar a relação de causa e efeito entre os objetivos de diferentes perspectivas.

d. Há apenas um modelo de mapa estratégico que pode ser elaborado, o *Balanced Scorecard* (BSC).

Questão para reflexão

1. Uma empresa fabricante de cerveja artesanal brasileira está com dificuldade em aumentar seu lucro líquido. Com o objetivo de resolver esse problema, ela desenvolveu um mapa estratégico e definiu os seguintes objetivos para a perspectiva financeira:

- diminuir os custos com matéria-prima;
- aumentar as receitas.

Considerando esses objetivos financeiros, reflita sobre como seria possível desenvolver os objetivos relacionados às outras três perspectivas do mapa estratégico. Tome o cuidado de interligar os objetivos das diferentes perspectivas, buscando gerar uma relação de causa e efeito entre eles.

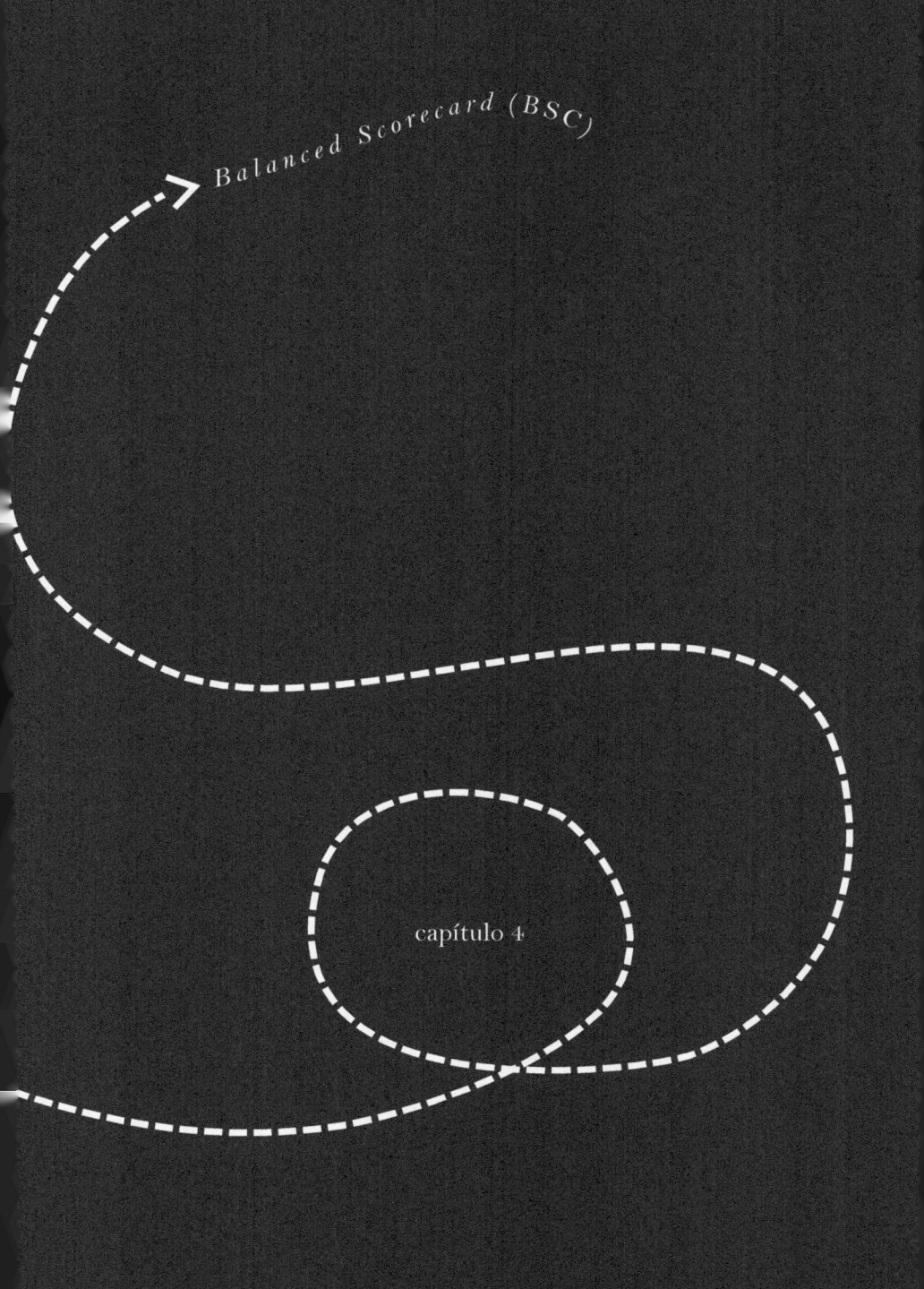

Balanced Scorecard (BSC)

capítulo 4

CONTEÚDOS DO CAPÍTULO:

- *Balanced Scorecard* (BSC).
- Indicadores de desempenho.
- Gerenciamento com BSC.

APÓS O ESTUDO DESSE CAPÍTULO, VOCÊ SERÁ CAPAZ DE:

1. compreender os conceitos do BSC;
2. identificar os padrões de desempenho esperados pelas empresas;
3. definir os indicadores para a medição de desempenho;
4. elaborar um programa de gerenciamento com o BSC.

4.1

Mapa estratégico: *Balanced Scorecard* (BSC)

Neste capítulo, abordaremos uma das ferramentas mais consolidadas e completas da área da estratégia no que tange à execução, ao monitoramento e ao controle das ações planejadas, o *Balanced Scorecard* (BSC).

O BSC é uma metodologia concebida em 1992 pelos professores Robert Kaplan e David Norton, da Harvard Business School. Seu objetivo principal é fornecer uma ferramenta que possibilite balancear as diversas perspectivas que impactam as organizações.

Segundo os autores, a grande maioria das ferramentas estratégicas confere ampla atenção à parte financeira e ignora outros fatores importantes. Nesse sentido, embora a perspectiva financeira continue sendo crucial para o sucesso das organizações, percebeu-se que, para que uma empresa consiga resultados financeiros acima da média, ela também deve dar atenção a outros aspectos fundamentais.

Kaplan e Norton (1997) ilustram sua teoria com o exemplo do painel de controle de um avião, como o apresentado na Figura 4.1. Conforme os autores, um avião só consegue executar um voo de uma região para outra porque os pilotos têm acesso a diversas informações, como a quantidade de combustível nos tanques, as medidas de altitude e longitude, a temperatura, a velocidade dos ventos, o desempenho dos motores e outros equipamentos da aeronave.

FIGURA 4.1 - Exemplo de painel de controle de uma aeronave

Sob essa ótica, os dois teóricos buscaram propor um paralelo com as organizações para demonstrar que uma empresa não consegue executar suas atividades com qualidade se der atenção somente aos aspectos financeiros da empresa. São essenciais a análise e o monitoramento da organização em seu todo.

Assim, no BSC, além da perspectiva financeira, as perspectivas dos clientes, dos processos internos e de aprendizado e crescimento devem receber tal atenção. Essas quatro perspectivas, como pode ser visto na Figura 4.2, estão inter-relacionadas. Portanto, para o sucesso de uma, as outras devem estar alinhadas.

FIGURA 4.2 - Perspectivas interdependentes do BSC

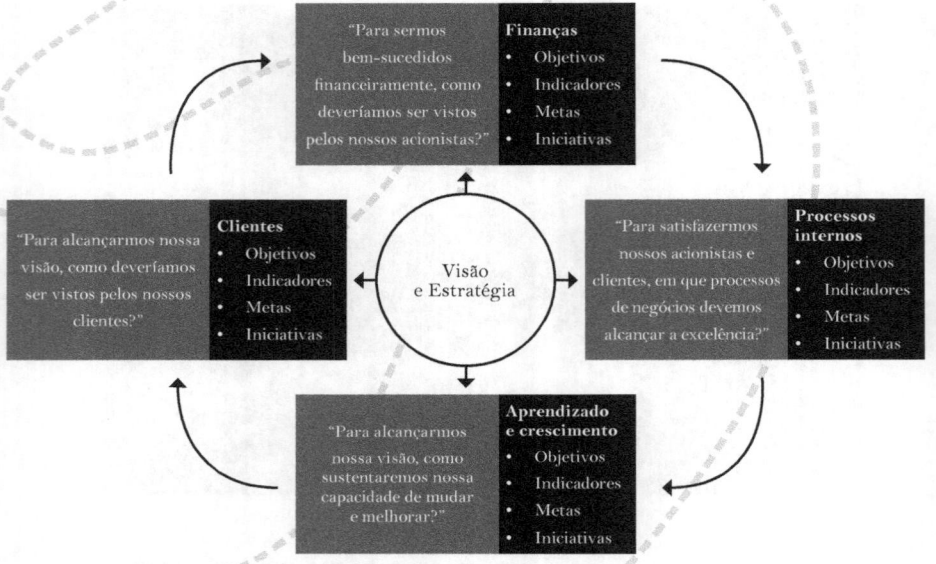

```
                    "Para sermos        Finanças
                    bem-sucedidos       • Objetivos
                    financeiramente, como • Indicadores
                    deveríamos ser vistos • Metas
                    pelos nossos acionistas?" • Iniciativas

"Para alcançarmos nossa   Clientes                              "Para satisfazermos    Processos
visão, como deveríamos    • Objetivos         Visão             nossos acionistas e    internos
ser vistos pelos nossos   • Indicadores    e Estratégia         clientes, em que processos • Objetivos
clientes?"                • Metas                               de negócios devemos    • Indicadores
                          • Iniciativas                         alcançar a excelência?" • Metas
                                                                                        • Iniciativas

                    "Para alcançarmos   Aprendizado
                    nossa visão, como   e crescimento
                    sustentaremos nossa • Objetivos
                    capacidade de mudar • Indicadores
                    e melhorar?"        • Metas
                                        • Iniciativas
```

Fonte: Kaplan; Norton, 1997, p. 10.

Do ponto de vista da operacionalização do BSC, a metodologia busca identificar, para cada perspectiva, indicadores de desempenho alinhados a objetivos estratégicos que possam mensurar o desempenho da organização nos diversos aspectos envolvidos, quase sempre apresentando relações de causa e efeito entre indicadores de perspectivas diferentes. Podemos perceber, com isso, a ideia central do BSC: visualizar de forma balanceada todas as medidas de desempenho de uma organização relacionadas a objetivos estratégicos.

Por fim, além das perspectivas, outros componentes importantes da metodologia BSC são os objetivos estratégicos, os indicadores de desempenho, as metas e os mapas estratégicos, os quais serão abordados ao longo deste capítulo.

4.2

As perspectivas do BSC

As perspectivas se referem a áreas diferentes de uma organização, as quais são observadas considerando-se características que lhes são peculiares, mas mantendo-se um grau de conexão ou complementação entre si. Cada uma delas apresenta, além de características particulares, recursos e competências também inerentes ao seu próprio uso.

Na abordagem do BSC, as perspectivas são as primeiras subdivisões de análise das organizações, ou seja, definem as grandes áreas organizacionais a serem analisadas pelo planejamento estratégico. A cada perspectiva correspondem algumas medidas genéricas que costumam nortear as ações de uma organização. Como esclarecemos anteriormente, são quatro as perspectivas originais do BSC (Kaplan; Norton, 1997).

A primeira perspectiva a ser observada em qualquer empresa é a **financeira**, por meio da qual se examinam indicadores que apontam de que forma se pretende gerar retorno para o investidor, traduzido especialmente em valor econômico futuro.

A segunda perspectiva é a dos **clientes**, representada por indicadores que expressam como se gera valor para o público-alvo da atividade produtiva a que a organização se dedica; nessa perspectiva, também se define quais serão os segmentos mais promissores em determinado setor, verificando-se a contribuição de cada segmento para a geração de valor econômico, conforme especificado na perspectiva anterior.

A terceira perspectiva do BSC é a dos **processos internos**, também chamada de *perspectiva interna*. Ela reflete o olhar sobre quais processos produtivos e operacionais devem ser melhorados ou criados para atender aos indicadores da perspectiva dos clientes, ou seja, que operações devem ser feitas e como atender ao interesse dos clientes-alvo.

Por fim, a perspectiva de **aprendizagem e crescimento** se refere às competências humanas e informacionais necessárias para as melhorias nos processos operacionais, de acordo com o que foi identificado na perspectiva interna. Assim, aspectos relacionados a competências de pessoas e à coordenação efetiva destas dizem respeito à retenção de talentos, à motivação, ao processamento de informações e ao conhecimento organizacional.

Algumas organizações implementam mudanças nas perspectivas durante o desenvolvimento do BSC. Nesse sentido, é possível encontrar mapas estratégicos com mais perspectivas ou, mesmo com uma simples adaptação das denominações usadas, para ter maior aderência ao modelo de negócio da empresa.

Como já vimos, por mais particulares que sejam as características de cada perspectiva, elas apresentam um caráter complementar. Essa complementação guarda uma relação de causa e efeito entre as perspectivas, a qual ocorre de baixo para cima. Para os autores, a perspectiva de aprendizado e crescimento impacta o desenvolvimento dos processos internos, que, por sua vez, incide sobre a perspectiva dos clientes, a qual, com efeito, gera os resultados financeiros. De acordo com a análise de Kaplan e Norton (1997), se as ações dentro das perspectivas iniciais obtiverem sucesso, os resultados financeiros (perspectiva financeira) serão positivos – e o contrário também é verdadeiro.

Outra característica importante da metodologia está relacionada à definição do termo *balanced*. Para os autores, as ações estratégias de qualquer organização devem ser *balanceadas* entre as quatro perspectivas, com objetivos relevantes em todas elas (Kaplan; Norton, 1997).

Em suma, para que os resultados financeiros de uma empresa sejam positivos, é necessário que os clientes estejam satisfeitos, o que exige processos internos bem estruturados e eficientes, que demandam pessoas em constante processo de aprendizado e crescimento.

4.3
Objetivos estratégicos

Os objetivos estratégicos direcionam o caminho que será percorrido pela empresa. Eles são definidos durante o planejamento estratégico após as análises do cenário externo da organização e do ambiente interno, isto é, suas competências e os recursos disponíveis. Assim, os objetivos devem ser delineados para cada perspectiva do BSC. Nesse aspecto, O Quadro 4.1 apresenta exemplos de objetivos estratégicos para cada uma das perspectivas examinadas.

QUADRO 4.1 - Exemplos de objetivos estratégicos no BSC

PERSPECTIVA	OBJETIVOS
Financeira	Aumentar receitas
Dos clientes	Aumentar o *ticket* médio dos pedidos
Dos processos internos	Desenvolver pacotes promocionais de produtos que incentivem pedidos maiores Investir em P&D para o desenvolvimento de novos produtos
De aprendizado e crescimento	Desenvolver as equipes de P&D e de *marketing* e publicidade

Os objetivos estratégicos refletem um estado futuro desejado após um determinado período. Por exemplo, como pode ser observado no Quadro 4.1, um dos objetivos da perspectiva de aprendizado e crescimento é **desenvolver as equipes de P&D e de marketing e publicidade**. Isso significa que, em um futuro próximo, espera-se que a empresa tenha desenvolvido as equipes dos setores indicados.

Em virtude do fato de as organizações buscarem sempre atingir os resultados financeiros esperados, normalmente o primeiro objetivo estratégico diz respeito à perspectiva financeira, o qual é desdobrado em outros objetivos relacionados às demais perspectivas. Desse modo, os objetivos estratégicos traduzem de maneira objetiva os anseios definidos no planejamento estratégico.

4.4 Indicadores de desempenho

Até a definição dos objetivos estratégicos, o BSC atua de maneira similar às práticas de planejamento estratégico mais comuns presentes nas organizações. A partir disso, começam a emergir os diferenciais dessa metodologia, que busca dar sustentação à implantação e ao controle da estratégia.

Sob essa ótica, de nada adianta uma empresa ter bons objetivos, mas não reconhecer se eles estão sendo alcançados. Para que se consiga controlar os objetivos, o BSC aponta a elaboração de indicadores de desempenho capazes de medir o sucesso dos objetivos estratégicos.

Tais indicadores devem ser claros e possíveis de se monitorar por meio do acesso às informações necessárias. Logo, quanto mais fácil for o acesso às informações, mais eficiente será um indicador. O Quadro 4.2 apresenta os indicadores relacionados aos objetivos de cada perspectiva.

QUADRO 4.2 - Exemplo de indicadores relacionados aos objetivos

Perspectiva	Objetivos	Indicadores
Financeira	Aumentar receitas	Receitas brutas/ Demonstrativos financeiros
Dos clientes	Aumentar o *ticket* médio dos pedidos	Valor das notas fiscais de vendas de mercadorias
	Ampliar o número de potenciais clientes	Número de notas fiscais emitidas para clientes de primeira compra
Dos processos internos	Desenvolver pacotes promocionais de produtos que incentivem pedidos maiores	% de vendas de *kits* promocionais perante o total de vendas da empresa
	Investir em P&D para o desenvolvimento de novos produtos	% de vendas de novos produtos perante o total de vendas da empresa
De aprendizado e crescimento	Desenvolver as equipes de P&D e de *marketing* e publicidade	Número de certificados de treinamento dos colaboradores
		Número médio de horas investidas em treinamentos pelos funcionários

Além de bons indicadores de desempenho, um bom controle da implementação de estratégias necessita contar com metas que definam os valores desejados para, assim, cada indicador revelar se os objetivos estão sendo, de fato, alcançados. Dessa maneira, definir metas para cada indicador é fundamental para que o BSC seja executado com sucesso.

As metas devem seguir a metodologia Smart, que consiste nas seguintes características:

> **S – Específicos (Specific)**: *as metas devem ser formuladas de forma específica e precisa;*
> **M – Mensuráveis (Measurable)**: *as metas devem ser definidas de forma a poderem ser medidas e analisadas em termos de valores ou volumes;*
> **A – Atingíveis (Attainable)**: *a possibilidade de concretização das metas deve estar presente, ou seja, devem ser alcançáveis;*
> **R – Realistas (Realistic)**: *as metas não devem pretender alcançar fins superiores aos que os meios permitem;*
> **T – Temporizáveis (Time-bound)**: *as metas devem ter prazo e duração definidos.* (Paula, 2014, grifo do original)

O Quadro 4.3 complementa o quadro exposto anteriormente, apontando as metas relacionadas aos indicadores e aos objetivos.

QUADRO 4.3 - Exemplo de metas no BSC

Perspectiva	Objetivos	Indicadores	Metas
Financeira	Aumentar receitas	Receitas brutas/ Demonstrativos financeiros	Aumentar em 10% a receita líquida de 2010 em relação à de 2018
Dos clientes	Aumentar o *ticket* médio dos pedidos	Valor das notas fiscais de vendas de mercadorias	Aumentar em 10% o *ticket* médio de pedidos dos clientes até 2020
	Ampliar potenciais clientes	Número de notas fiscais emitidas para clientes de primeira compra	Abrir 3% de clientes novos em cada um dos próximos anos
Dos processos internos	Desenvolver pacotes promocionais de produtos que incentivem pedidos maiores	% de vendas de *kits* promocionais perante o total de vendas da empresa	Alçar a venda de *kits* promocionais a pelo menos 5% do total de vendas até 2020
	Investir em P&D para o desenvolvimento de novos produtos	% de vendas de novos produtos perante o total de vendas da empresa	Alçar a venda de novos produtos a pelo menos 5% do total de vendas até 2020

(continua)

(Quadro 4.3 – conclusão)

Perspectiva	Objetivos	Indicadores	Metas
De aprendizado e crescimento	Desenvolver as equipes de P&D e de *marketing* e publicidade	Número de certificados de treinamentos dos colaboradores Número médio de horas investidas em treinamentos pelos funcionários	Adquirir internamente todas as competências necessárias para as equipes de P&D e de *marketing* e publicidade até o final de 2018

Por fim, para que seja possível elaborar eficientes mapas estratégicos, é necessário apontar as iniciativas que levarão a empresa a alcançar seus objetivos estratégicos. Nessa direção, o Quadro 4.4 apresenta exemplos de iniciativas relacionadas às metas, aos indicadores e aos objetivos no âmbito de cada perspectiva do BSC.

QUADRO 4.4 - Exemplos de iniciativas no BSC

Perspectiva	Objetivos	Indicadores	Metas	Iniciativas
Financeira	Aumentar receitas	Receitas brutas/ Demonstrativos financeiros	Aumentar em 10% a receita líquida de 2010 em relação à de 2018	Investir em pesquisa e desenvolvimento
Dos clientes	Aumentar o *ticket* médio dos pedidos	Valor das notas fiscais de vendas de mercadorias	Aumentar em 10% o *ticket* médio de pedidos dos clientes até 2020	Criar combos de produtos que levem os clientes a fazer compras maiores
	Ampliar o número de potenciais clientes	Número de notas fiscais emitidas para clientes de primeira compra	Abrir 3% de clientes novos em cada um dos próximos anos	Melhorar o *mix* de produtos da empresa
Dos processos internos	Desenvolver pacotes promocionais de produtos que incentivem pedidos maiores	% de vendas de *kits* promocionais perante o total de vendas da empresa	Alçar a venda de *kits* promocionais a pelo menos 5% do total de vendas até 2020	Criar promoções de combos que visem aumentar os pedidos dos clientes Incluir novos produtos nos pedidos dos atuais clientes

(continua)

(Quadro 4.4 – conclusão)

Perspectiva	Objetivos	Indicadores	Metas	Iniciativas
Dos processos internos	Investir em P&D para o desenvolvimento de novos produtos	% de vendas de novos produtos perante o total de vendas da empresa	Alçar a venda de novos produtos a pelo menos 5% do total de vendas até 2020	Lançar produtos capazes de alcançar novos clientes
De aprendizado e crescimento	Desenvolver as equipes de P&D e de *marketing* e publicidade	Número de certificados de treinamentos dos colaboradores Número médio de horas investidas em treinamentos pelos funcionários	Adquirir internamente todas as competências necessárias para as equipes de P&D e de marketing e publicidade até o final de 2018	Desenvolver parceria com universidade da região Contratar serviço de treinamentos *on-line*

Os Quadros 4.2, 4.3 e 4.4 exemplificam formas de operacionalização de indicadores, metas e iniciativas em cada perspectiva do BSC, respectivamente. Esses três elementos estão relacionados entre si e constituem modos complementares de traduzir as diretrizes estratégicas em aspectos claros e de fácil operacionalização. Nesse sentido, é importante lembrar que a grande força do BSC é sua capacidade de tradução de questões estratégicas em aspectos relativos às rotinas dos membros da organização que atuam diretamente com a execução das atividades.

4.5
Construindo o BSC

O principal objetivo do BSC é a produção de um plano de ação e controle da estratégia desenvolvida durante o planejamento. Após as análises dos ambientes externos e internos da organização, uma das primeiras elaborações referentes ao planejamento diz respeito à visão de negócio da empresa.

A visão de negócio responde a perguntas como **onde**, **quando** e **como** a empresa quer ser/estar. Com base no entendimento desse objetivo macro, torna-se possível, então, traçar o caminho que será percorrido para o alcance dele, conforme exposto na Figura 4.3, a seguir. Nesse ponto, entra em cena o BSC, que permitirá desenhar a estratégia de maneira mais inteligível para os usuários, possibilitando uma compreensão mais ampla das ações e das diretrizes e, por consequência, facilitando o controle da estratégia colocada em prática.

Figura 4.3 - O BSC na elaboração do plano de ação da estratégia

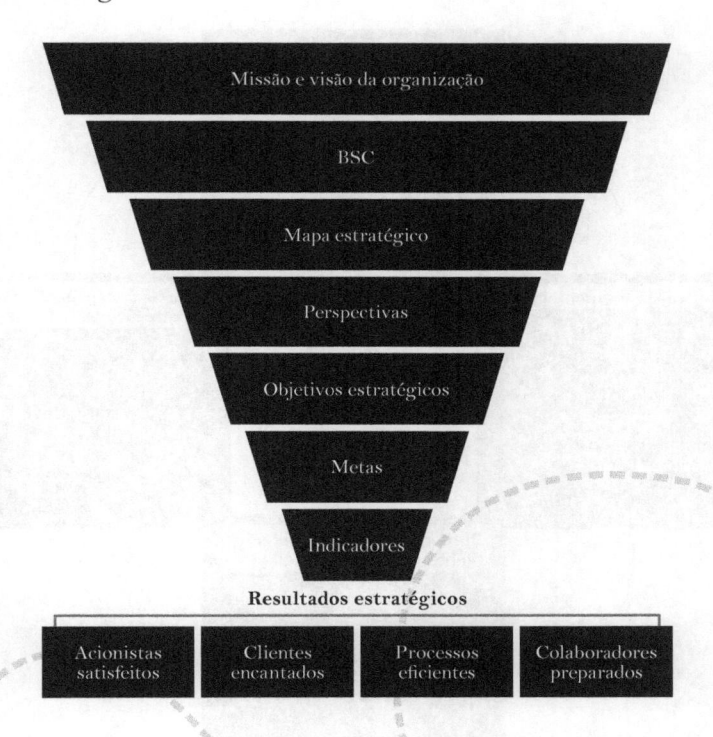

```
                    Missão e visão da organização
                              BSC
                        Mapa estratégico
                          Perspectivas
                       Objetivos estratégicos
                             Metas
                          Indicadores
                      Resultados estratégicos
    ┌──────────────┬──────────────┬──────────────┬──────────────┐
    │  Acionistas  │   Clientes   │   Processos  │ Colaboradores│
    │  satisfeitos │  encantados  │   eficientes │   preparados │
    └──────────────┴──────────────┴──────────────┴──────────────┘
```

A esse processo inicial Kaplan e Norton (1997) chamaram de *esclarecimento e tradução da visão e da estratégia*, no qual o objetivo consiste em deixar todos os envolvidos conscientes da estratégia da organização. Além disso, conforme pode ser observado na Figura 4.4, o BSC também tem outras três funções estruturais para a ação estratégica, assim denominadas: *comunicação e vinculação; planejamento e estabelecimento de metas; feedback e aprendizado estratégicos*.

FIGURA 4.4 - Exemplo de sistema para a implementação da estratégia

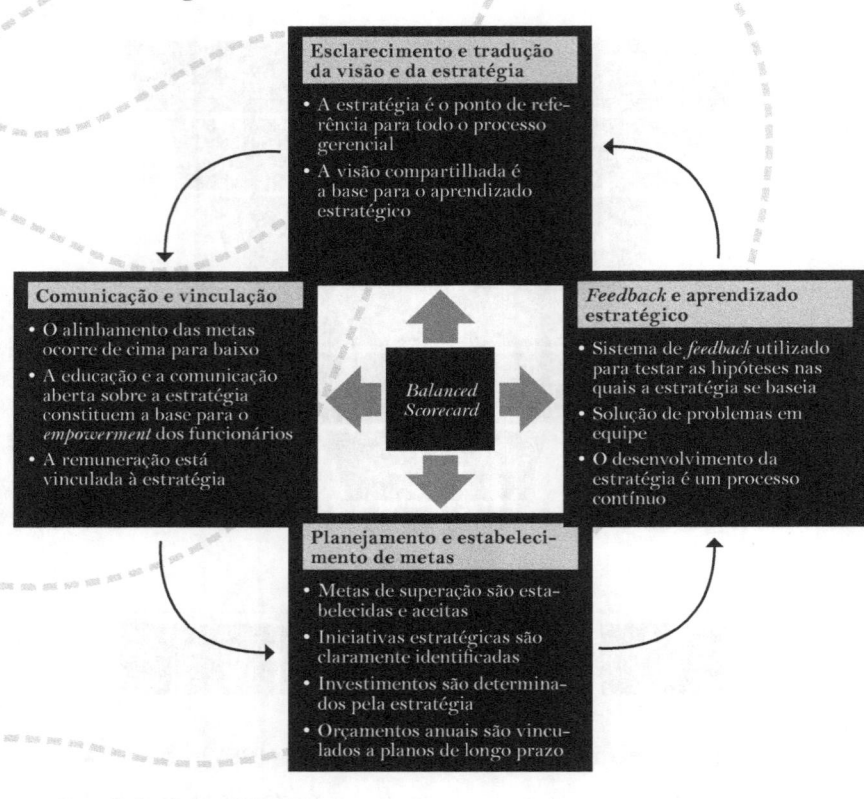

Esclarecimento e tradução da visão e da estratégia
- A estratégia é o ponto de referência para todo o processo gerencial
- A visão compartilhada é a base para o aprendizado estratégico

Comunicação e vinculação
- O alinhamento das metas ocorre de cima para baixo
- A educação e a comunicação aberta sobre a estratégia constituem a base para o *empowerment* dos funcionários
- A remuneração está vinculada à estratégia

Balanced Scorecard

Feedback e aprendizado estratégico
- Sistema de *feedback* utilizado para testar as hipóteses nas quais a estratégia se baseia
- Solução de problemas em equipe
- O desenvolvimento da estratégia é um processo contínuo

Planejamento e estabelecimento de metas
- Metas de superação são estabelecidas e aceitas
- Iniciativas estratégicas são claramente identificadas
- Investimentos são determinados pela estratégia
- Orçamentos anuais são vinculados a planos de longo prazo

Fonte: Kaplan; Norton, 1997, p. 205.

Segundo os autores, a comunicação e o estabelecimento de vínculos são essenciais para o sucesso de qualquer tentativa de implementação de um plano de ação (Kaplan; Norton, 1997). No BSC, não é diferente, e essa comunicação visa transparecer aos envolvidos no processo os objetivos estratégicos que a organização adotará a partir daquele momento, bem como as metas traçadas para o alcance de tais objetivos. Nesse sentido, a comunicação por meio de indicadores de desempenho objetiva que se atinja o compromisso entre os gerentes e colaboradores em relação à estratégia traçada.

Por sua vez, o planejamento e o estabelecimento de metas possibilitam aos executivos instituir parâmetros para as ações desenvolvidas, a fim de facilitar o monitoramento das ações e dos resultados, possibilitando o controle do processo de transformação organizacional estabelecido pelo planejamento estratégico. Como visto no tópico sobre as perspectivas do BSC, existem indicadores e metas financeiros, de mercado, de processos internos e de aprendizado e crescimento.

Por fim, a etapa referente ao *feedback* e ao aprendizado estratégicos tem a intenção de monitorar a implementação da estratégia a fim de ajustá-la para o caso de mudanças se fazerem necessárias. Esse processo desencadeia a aprendizagem organizacional; para tanto, é preciso que todos os envolvidos tenham ciência da visão e da estratégia da empresa. Assim, finaliza-se um ciclo de implementação da estratégia, que pode ser reiniciado quantas vezes forem necessárias, para que a estratégia seja posta em prática e se alcance a mudança organizacional pretendida.

Podemos perceber que esse processo é sistêmico, dinâmico e retroalimentado, com dois caminhos possíveis: a manutenção da estratégia definida anteriormente e, portanto, a correção das ações de implementação ou a correção da estratégia como um todo. Kaplan e Norton (1997, p. 18) chamam esse processo de *aprendizagem de circuito duplo*, ou *double-loop*.

Ainda, antes de partir para a construção do BSC propriamente dito, é necessário compreender a noção de retroalimentação do

BSC entre as perspectivas do modelo. Só então será possível avançar até a construção do mapa estratégico do BSC.

Como já discutimos no tópico sobre as perspectivas do BSC, na perspectiva de aprendizado e crescimento, deve-se ter claro que os conhecimentos e as competências da organização, bem como as habilidades dos empregados, são os vetores que levam à transformação das empresas. Quanto aos processos internos, para se alcançar a satisfação dos clientes, os produtos e os serviços devem ser entregues como acordados. Para tanto, processos bem executados são essenciais, os quais dependem de competências bem desenvolvidas na perspectiva anterior.

Já na perspectiva dos clientes, é preciso ter ciência de que a satisfação destes é o que gera melhores resultados financeiros. Como já comentamos, essa satisfação passa por processos bem executados. Por fim, a perspectiva financeira está intimamente ligada à perspectiva dos clientes e, por consequência, a todas as demais. Ela diz respeito aos resultados entregues aos acionistas, devendo-se entender que tais resultados dependem da satisfação dos clientes para que sejam positivos.

Contudo, o processo de construção do BSC requer que sejam cumpridas algumas etapas anteriores referentes ao início do planejamento estratégico, como exposto na Figura 4.5, a seguir. De acordo com Kaplan e Norton (2004), não se pode gerenciar aquilo que não é medido, afirmação que justifica o foco do BSC na medição, por meio dos indicadores, das diversas perspectivas da organização.

No entanto, ainda segundo os mesmos autores, não é eficiente medir o que não se descreve (Kaplan; Norton, 2004). Isto é, deve-se ter uma descrição clara dos interesses da organização, os quais precisam estar descritos na missão, na visão e no plano de ação da organização, para, só então, ser possível definir os objetivos estratégicos, os indicadores de desempenho e as metas para cada perspectiva do BSC, o que tornará viável a elaboração do mapa estratégico que servirá de base para a ação, o monitoramento e o controle da estratégia definida durante o planejamento. Assumindo-se essas fases anteriores como bem estabelecidas, o próximo passo será definir os objetivos estratégicos.

FIGURA 4.5 - O BSC e o planejamento estratégico

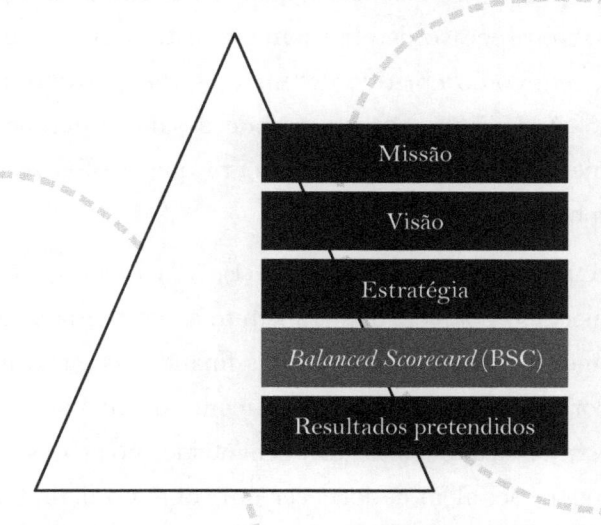

- Missão
- Visão
- Estratégia
- *Balanced Scorecard* (BSC)
- Resultados pretendidos

A Figura 4.5 ilustra, de forma muito simples, qual é o lugar do BSC como ferramenta de tradução das diretrizes estratégicas. Ou seja, entre a missão, a visão, a estratégia e os resultados operacionais pretendidos, costuma existir um enorme abismo, justamente porque a natureza das três diretrizes estratégicas é genérica demais para ser imediatamente compreendida pelos membros envolvidos no dia a dia da organização.

Por esse motivo, outra forma de compreender o BSC é como um processo de gestão da estratégia, já que essa ferramenta promove a dinâmica de tradução e revisão das diretrizes estratégicas com a participação de todos os membros da organização.

4.6
Gerenciando a estratégia

Até este ponto, diversas abordagens foram indicadas considerando-se o processo de planejamento estratégico, que, obviamente, tem como objetivo definir a estratégia de uma organização. Após essa etapa, o grande desafio é gerenciar sua implementação – e é nesse momento que o BSC se mostra fundamental.

Para Kaplan e Norton (1997, p. 154), "um *Balanced Scorecard* bem-sucedido é aquele que transmite a estratégia através de um conjunto integrado de medidas financeiras e não financeiras". Portanto, o BSC é uma ferramenta que deixa transparecer a estratégia a todos os atores envolvidos no processo de sua implementação, além de fornecer um conjunto de indicadores, métricas e iniciativas que facilitarão esse processo.

Conforme os criadores do BSC, Kaplan e Norton (1997), o maior desafio em gerenciar a estratégia por meio da aplicação do BSC está na inércia organizacional, que busca manter o *status quo* da empresa. Como já explicitado no Capítulo 1 desta obra, a mudança organizacional é sempre um desafio, pois a novidade gera medo nos atores envolvidos.

Sob essa ótica, como expõem os autores, o processo de implementação do BSC deve se iniciar pela alta administração da organização, que tem a prerrogativa de instituir objetivos estratégicos financeiros para delinear os objetivos das outras perspectivas do BSC (Kaplan; Norton, 1997).

Já vimos como construir um mapa estratégico, bem como de que forma definir os objetivos estratégicos, os indicadores, as metas e as iniciativas para a implementação da estratégia. Contudo, o processo de implantação do BSC em uma organização demanda diversas fases até a construção do mapa estratégico. Para facilitar esse percurso, Kaplan e Norton (1997) sugerem um plano composto por dez tarefas, as quais expomos a seguir:

- **Tarefa 1: Selecionar a unidade de negócios adequada** – Essa etapa se refere à definição da área organizacional que será gerenciada pelo BSC. Segundo os autores, a construção do BSC, principalmente quando da primeira experiência em uma empresa, é facilitada quando abrange uma unidade específica, e não toda a empresa (Kaplan; Norton, 1997). Nesse início, deve-se escolher uma unidade ou área do negócio em que não existam complicações quanto à possibilidade de medição dos indicadores definidos.

- **Tarefa 2: Identificar as relações entre a unidade de negócios e a corporação** – Em um segundo momento, é essencial conhecer as relações entre a área ou a unidade de negócios escolhida e a corporação como um todo. Se a área escolhida for a de pesquisa e desenvolvimento ou uma filial específica, esta deverá ter mapeada todas as suas relações com a empresa em geral para que os objetivos, os indicadores e as metas não estejam desalinhados com a estratégia da organização.

- **Tarefa 3: Realizar a primeira série de entrevistas** – Nesse estágio, o grupo que está desenvolvendo o BSC deve conduzir uma primeira rodada de entrevistas com os gestores de todas as áreas da organização que, de alguma forma, serão impactadas pela metodologia. Nesse sentido, é importante preparar materiais para serem utilizados nessas entrevistas, nos quais devem estar contidas informações como a visão, a missão e outros elementos da estratégia empresarial que já tenham sido desenvolvidos durante o planejamento estratégico. Esses materiais devem ser entregues a cada gestor entrevistado para uniformizar as conversas. O objetivo das entrevistas é obter informações sobre as diversas áreas do negócio quanto a tendências significativas de mercado, concorrentes e inovações tecnológicas, entre outras possibilidades, que podem variar dependendo do setor e do tamanho da organização. Nessa primeira rodada, o BSC terá sua metodologia apresentada a todos os gestores, a fim de começar a conscientizá-los da relevância do projeto.

- **Tarefa 4: Sessão de síntese** – A quarta tarefa diz respeito ao momento em que se procede à síntese das entrevistas, em que são destacadas as questões relevantes para a definição inicial de objetivos estratégicos, indicadores e metas para o BSC. Esse momento de síntese deve resultar em uma lista de objetivos das quatro perspectivas que mantenham conexão entre si, além da relação de causa e efeito entre elas.

- **Tarefa 5: *Workshop* executivo (primeira parte)** — Com a lista dos objetivos estratégicos, o próximo passo é a realização de uma reunião com a alta cúpula gerencial da empresa, no intuito de alcançar o consenso quanto aos objetivos, aos indicadores, às metas e às iniciativas que serão executados. As perspectivas devem ser abordadas de maneira sequencial, sem deixar nenhuma de fora ou dar menos importância a uma delas. Nessa etapa, portanto, devem-se explorar os diversos possíveis objetivos para cada perspectiva, a fim de escolher os mais relevantes. Ao final dessa fase, o resultado esperado deverá ser a escolha de alguns objetivos estratégicos para serem implementados.

- **Tarefa 6: Reuniões de subgrupos** — Nessa tarefa, devem ser trabalhados os subgrupos, sendo que cada um será responsável por uma perspectiva do BSC. Cada subgrupo deve buscar aperfeiçoar a descrição dos objetivos estratégicos escolhidos; identificar os indicadores que melhor avaliem o objetivo; reconhecer as fontes de informação para cada indicador; e identificar as conexões entre os indicadores das diferentes perspectivas. Ao final, deve ser elaborado um documento de cada subgrupo, com uma lista de objetivos para a respectiva perspectiva, a descrição dos indicadores para cada objetivo, a explicação da forma como podem ser quantificados e, ainda, uma representação gráfica das conexões dos indicadores dentro da perspectiva e com as demais.

- **Tarefa 7: *Workshop* executivo (segunda parte)** — Após a definição das informações nos subgrupos, deve-se proceder à segunda rodada de reuniões com a alta chefia da empresa. Nessas reuniões, é interessante que participem também gerentes de nível médio. Todos devem debater a aderência à visão da empresa, bem como aos objetivos e aos indicadores. Além da validação das definições elaboradas até esse momento, nessas reuniões podem ser iniciadas as discussões sobre possíveis planos de implementação do BSC.

- **Tarefa 8: Desenvolver o plano de implementação** — Nessa etapa, com os objetivos estratégicos e os indicadores definidos, os líderes de cada subgrupo devem formalizar as metas para cada indicador e desenvolver o plano de implementação das iniciativas com vistas ao alcance dos objetivos. Nas palavras dos autores:

    > *Uma nova equipe, em geral composta pelos líderes de cada subgrupo, formalizará as metas de superação e desenvolverá um plano de implementação para o scorecard. Esse plano deve incluir a maneira como os indicadores se ligam aos bancos de dados e sistemas de informações, comunicando o* Balanced Scorecard *a toda a organização e incentivando e facilitando o desenvolvimento de métricas de segundo nível para as unidades descentralizadas. Em consequência desse processo, poderá ser desenvolvido um sistema de informações executivas inteiramente novo que vincule as métricas de alto*

nível das unidades de negócios ao chão de fábrica e às medidas operacionais de cada local. (Kaplan; Norton, 1997, p. 322)

O não alinhamento do plano de implementação com as unidades da empresa e os principais setores acarretará a não implementação do planejamento estratégico ou, ainda, uma implementação ineficiente.

- **Tarefa 9: *Workshop* executivo (terceira etapa)** — A nona etapa deve compreender a terceira rodada de negociações com os gestores de topo da organização para consolidar todas as diretrizes desenvolvidas. Nesse momento, devem-se definir os objetivos estratégicos, os indicadores de monitoramento dos objetivos, bem como as metas e as iniciativas. Assim, nessa etapa, objetiva-se obter o consenso quanto às definições, a fim de se iniciar a divulgação do BSC a todos os colaboradores, bem como integrá-lo à estratégia da organização. Sob essa ótica, é essencial para o sucesso da implementação da estratégia que o plano esteja alinhado com toda a organização. Após a definição do plano, os executivos devem analisar se estão de acordo com as proposições, na intenção de integrar o plano à filosofia da empresa.

- **Tarefa 10: Finalizar o plano de implementação** — A tarefa derradeira tem o objetivo de finalizar o plano de implementação do BSC, que deve ser integrado à prática de gestão da empresa para permitir que os gestores de todos os níveis obtenham facilidade na compreensão da estratégia empresarial e no controle de sua execução. A esse respeito, Kaplan e Norton (1997, p. 324) afirmam: "Ao final do cronograma do projeto, os executivos e gerentes da unidade de negócios deverão ter esclarecido e chegado a um consenso em relação à tradução da estratégia em objetivos e indicadores específicos para as quatro perspectivas".

Para saber mais

Para saber mais sobre o BSC, sugerimos a leitura do seguinte artigo:

SILVA, L. C. da. O Balanced Scorecard e o processo estratégico. **Caderno de Pesquisas em Administração**, São Paulo, v. 10, n. 4, p. 61-73, out./dez. 2003. Disponível em: <http://www.bmainformatica.com.br/pdfs/BSC%20eo%20Plano%20Estrategico.pdf>. Acesso em: 28 maio 2020.

Síntese

Neste capítulo, buscamos explicar de forma clara e objetiva quais são as principais contribuições do BSC, uma conhecida ferramenta para a operacionalização e a gestão das diretrizes estratégicas. Dessa forma, apontamos quais são os princípios norteadores do BSC, com destaque para a sua capacidade de tradução das quatro perspectivas do mapa estratégico na forma de diretrizes gerais em indicadores, metas e iniciativas específicas e compreensíveis para os responsáveis pelas tarefas executadas na organizações. Dito de outro modo, o BSC é uma ferramenta que aproxima os dirigentes da organização dos membros do chamado *chão de fábrica* (em termos metafóricos, essa expressão se refere a todos os executores de tarefas).

Essa tradução abarca um outro benefício que o BSC traz para a gestão da estratégia: sua capacidade de promover uma constante revisão das diretrizes. Ou seja, a dinâmica de monitoramento constante por indicadores específicos das quatro perspectivas – que, em teoria, relacionam-se como causa e efeito – permite que, quando algo não acontece conforme o esperado, seja possível repensar os objetivos. Assim, podemos afirmar que a dinâmica do BSC oferece um mecanismo de calibragem da estratégia, na medida em que operacionaliza a revisão de diretrizes gerais a partir de indicadores específicos das quatro perspectivas do mapa.

Esses princípios, apesar de lógicos, nem sempre são de fácil operacionalização. Eles exigem que as lideranças da organização se empenhem em envolver todos nas tarefas do BSC, as quais, em essência, correspondem às atividades de definição de indicadores, metas e ações, monitoramento e revisão. Dessa forma, todos os membros da organização devem estar devidamente motivados a participar, e isso nem sempre é algo fácil de se alcançar. Por essa razão, esse é um ponto de atenção para os interessados em utilizar essa poderosa ferramenta de gestão estratégica.

Questões para revisão

1. Descreva as quatro principais etapas de um sistema para a implementação da estratégia.
2. Descreva duas características importantes que um BSC deve apresentar

3. (FCC – 2019 – Afap) O *Balanced Scorecard* (BSC) é uma metodologia comumente utilizada pelas organizações para a implementação de seu planejamento estratégico e possui, como uma de suas principais características,

   a. a prevalência da perspectiva financeira, que se sobrepõe às demais.

   b. o equilíbrio entre diferentes perspectivas, incluindo a dos clientes.

   c. a desconsideração de aspectos financeiros, com prevalência da perspectiva do aprendizado.

   d. a fixação de indicadores apenas para a perspectiva dos processos internos.

   e. a adoção de metas atreladas à perspectiva do crescimento, que engloba as demais.

4. (Cespe – 2016 – TRE/PI) Acerca do BSC (*balanced scorecard*) nas organizações, assinale a opção correta.

   a. No processo de formulação do BSC, comunicar e estabelecer vinculações ajuda no compartilhamento das informações entre os colaboradores, que se esforçarão para estabelecer um alinhamento entre o objetivo estratégico e as metas da organização.

   b. A qualidade, o tempo, o preço e a funcionalidade dos serviços ofertados ao mercado são referentes genéricos da proposta de valor para a perspectiva financeira do BSC.

c. Investir em pesquisa e desenvolvimento constitui uma estratégia de utilização de ativos organizacionais para melhoria de desempenho da perspectiva do cliente do BSC.

d. No processo de formulação do BSC, esclarecer a visão e a estratégia para todos os níveis da organização é uma desvantagem na perspectiva de aprendizado e crescimento do BSC.

e. Na perspectiva financeira do BSC, para que a organização concretize sua visão, é necessário que sua equipe questione-se sobre como a organização pode sustentar a capacidade de mudar e melhorar sua atividade produtiva.

5. (CEPS-UFPA – 2016 – UFRA) Sobre os mapas estratégicos associados ao *balanced scorecard* (BSC), nos termos do que foi definido por seus autores (Robert Kaplan e David Norton), avalie se as afirmações abaixo são verdadeiras (V) ou falsas (F).

( ) O mapa estratégico do *balanced scorecard* explicita a hipótese da estratégia.

( ) O mapa estratégico descreve o processo de transformação de ativos intangíveis em resultados tangíveis para os clientes e, por conseguinte, em resultados financeiros.

( ) O mapa estratégico do *balanced scorecard* é uma arquitetura genérica para a descrição da estratégia.

( ) Os mapas estratégicos impedem que as organizações públicas e privadas vejam as suas estratégias de maneira coesiva, integrada e sistemática.

A sequência correta é

a. F; V; F; V.

b. V; V; F; F.

c. F; F; V; V.

d. V; V; V; F.

e. F; V; V; F.

Questão para reflexão

1. Vamos retomar o contexto da atividade do capítulo anterior: uma empresa fabricante de cerveja artesanal brasileira está com dificuldade em aumentar seu lucro líquido. Com o objetivo de resolver esse problema, ela resolveu desenvolver um mapa estratégico e definiu como objetivo para a perspectiva financeira aumentar as receitas.

Tendo em vista esse cenário, desenvolva um plano de implementação de estratégia para essa empresa que contenha os indicadores de desempenho, as metas e as tarefas que deverão ser desenvolvidos.

Core competences

capítulo 5

Conteúdos do capítulo:

- *Core competences*.
- Competências básicas, distintivas e gerenciais.
- Recursos da organização.
- Visão baseada em recursos.

Após o estudo desse capítulo, você será capaz de:

1. compreender os conceitos de competências e recursos;
2. identificar as competências das organizações;
3. reconhecer os recursos das organizações;
4. incorporar à empresa a perspectiva das *core competences*.

5.1

A perspectiva das competências em estratégia

Nos capítulos anteriores, buscamos apresentar a estratégia empresarial como um processo de análise e desenvolvimento de diretrizes organizacionais, além dos desafios da implementação da estratégia. Neste capítulo, examinaremos o principal aspecto da abordagem central do livro, ou seja, o processo de desenvolvimento da estratégia a partir dos recursos e das competências das organizações.

Conforme já foi mencionado na introdução, consideramos esses elementos fundamentais para a prática de gestão estratégica, entendendo que eles devem ser observados em qualquer situação de reflexão teórica ou aplicação prática. Nesse sentido, o elemento central da temática trabalhada será a ideia de *core competences* (em português, "competências essenciais"). Em se tratando do desenvolvimento da prática de gestão estratégica, as competências essenciais de uma organização devem ser observadas sob o prisma da vantagem competitiva.

Assim, identificaremos a relação entre esses dois fundamentos, a qual pode ser considerada a essência da prática da estratégia empresarial, que ocorre por meio da busca de vantagens competitivas (Bowman; Singh; Thomas, 2002; Mintzberg; Ahlstrand; Lampel, 2010).

De maneira geral, podemos definir *vantagem competitiva* como a condição que diferencia uma empresa de seus concorrentes (Porter, 1989b). Tendo em vista a perspectiva adotada neste livro, o alcance da vantagem competitiva se dá por meio das competências essenciais (*core competences*) e da capacidade de mesclá-las aos recursos disponíveis (Barney; Hesterly, 2007). Primeiramente, discutiremos o tema das competências, que será complementado na sequência com a visão sobre recursos. Depois, por fim, teremos condições de tratar do conceito de vantagem competitiva e de seus desdobramentos para a prática da estratégia.

5.2

Core competence e vantagem competitiva

Apesar de não ser novidade a aproximação entre as ideias de competências essenciais e vantagem competitiva, esses temas acabaram sendo desenvolvidos por diferentes escolas do pensamento estratégico (Mintzberg; Ahlstrand; Lampel, 2010). Na história desse campo do pensamento gerencial, os primeiros autores relacionados à área de estratégia se preocuparam em descortinar – de forma prática e com base em estudos de casos de sucesso – as condições para identificar os fatores críticos de sucesso e atingir as competências essenciais, em uma espécie de *design* da estratégia por meio de tais fatores (Vizeu; Gonçalves, 2010; Mintzberg; Ahlstrand; Lampel, 2010).

Já a perspectiva da vantagem competitiva se desenvolveu com o advento do pensamento econômico na prática de gestão, principalmente pela perspectiva da chamada *organização industrial* (do inglês *industry organization* – IO), que trata dos fatores que levam um determinado setor econômico a se organizar de determinada forma (Bowman; Singh; Thomas, 2002). Sob essa ótica, destaca-se o trabalho de Michael Porter (1981),

"The Contributions of Industrial Organization to Strategic Management", considerado um dos mais importantes autores da área de estratégia de todos os tempos (Vizeu; Gonçalves, 2010).

Mas foi com a leitura do conceito porteriano de vantagem competitiva, por meio da chamada *visão baseada em recursos* (VBR) da estratégia, que se obteve a complementaridade mais proveitosa entre os conceitos de *core competences* e vantagem competitiva. A esse respeito, destacamos o trabalho de J. Barney, que tem se dedicado à VBR de maneira sistemática, buscando conciliá-la com a perspectiva porteriana sobre competição.

Nessa direção, Barney e Hesterly (2007) sugerem que a vantagem competitiva é uma condição que diferencia uma empresa de seus concorrentes e pode ser alcançada por meio de competências que a organização detém. É preciso, então, descobrir quais competências são essenciais ao posicionamento competitivo de uma empresa para, em seguida, desenvolvê-las. De fato, mesmo Porter (1989b), com sua abordagem econômica da estratégia, aponta que a essência da estratégia está nas atividades, isto é, na escolha por desempenhar atividades de formas diferentes das praticadas pelos rivais. Assim, as organizações só serão competitivas em um ambiente de alta concorrência quando entenderem e forem capazes de operacionalizar a relação entre competências, atividades e estratégia. Na próxima seção, veremos como definir competências.

5.3

Definindo competências

Há duas vertentes que estudam competências na grande área de administração. Uma está mais ligada à gestão de recursos humanos e aborda as competências pessoais dos indivíduos, tratando a competência como o conjunto de conhecimentos, habilidades e atitudes (o que é representado pela sigla CHA) do indivíduo em relação a determinado aspecto. Esse conceito diz respeito ao saber agir, ao poder agir e ao querer agir em situações de *performance* superior (Le Boterf, 2003), ou seja, está ligado ao comportamento do indivíduo.

Já a segunda vertente observa as competências sob a perspectiva das organizações. É nela que residirá o foco deste livro, por ser mais adequada à abordagem da estratégia.

Com relação às empresas, podemos entender *competência* como a qualidade que uma organização tem de ser mais competente em realizar do que a média das organizações de seu ambiente. Por mais genérico que esse conceito possa parecer, a ideia de *realizar* concentra uma série de questões que tornam complexa a compreensão de como uma organização faz algo (Fleury; Fleury, 2001). Fazer algo bem feito pressupõe agir, ou seja, trata-se de uma atitude planejada que combina os conhecimentos da empresa com os recursos necessários. Assim, é na identificação, no desenvolvimento e no uso dos recursos que repousa a grande diferença entre as duas vertentes de estudo sobre competência.

A primeira vertente aborda a competência do indivíduo independentemente dos recursos organizacionais. Nesse caso, o indivíduo competente é aquele que tem conhecimento teórico, habilidade prática relativa ao conhecimento e atitude para agir, sem considerar os recursos que a organização oferece. Por sua vez, na segunda vertente – a perspectiva da competência organizacional –, os recursos são essenciais. Como já mencionamos, para as organizações, é crucial conhecer os recursos que possui e aqueles necessários para tornar as competências úteis ao objetivo de alcançar vantagem competitiva. É assim que chamamos os recursos diretamente relacionados com a vantagem competitiva de **recursos estratégicos**.

Apesar de diferentes em termos de nível de análise, há pontos de convergência entre os estudos das competências individuais e das competências organizacionais. Assim como ocorre com os sujeitos, também no caso das organizações a grande dificuldade está em reconhecer as competências que elas têm ou que deveriam ter para se destacarem perante seus concorrentes. O desconhecimento de tais competências impede que a organização as desenvolva e, por consequência, potencialize sua vantagem competitiva. Dessa forma, o primeiro passo é identificar as competências necessárias em determinada situação de competição.

Assim, para se destacar em um cenário competitivo, é preciso ser mais competente que a média dos concorrentes. Dito de outra forma, não basta apenas reconhecer as forças competitivas que atuam em um setor; é necessário reconhecer quais competências podem ser utilizadas para minimizar as ameaças das pressões competitivas e potencializar as oportunidades, maximizando-se, consequentemente, as margens de ganho econômico em relação à média do setor (Barney; Hesterly, 2007).

Desse modo, no campo de estudos da estratégia organizacional, a perspectiva sobre as competências organizacionais ganhou maior atenção nas últimas décadas, muito em consequência da alta competitividade entre os concorrentes e da insuficiência das abordagens mais tradicionais da estratégia (Bowman; Singh; Thomas, 2002). Com o advento da globalização, as empresas passaram a precisar de um conjunto de competências antes não utilizadas em seus contextos competitivos locais. Sob essa ótica, para competir em um cenário de maior escopo de empresas – seja internacional, seja local –, há um conjunto de competências organizacionais necessárias, e não somente uma, o que eleva a importância de saber reconhecê-las e desenvolvê-las.

Dessa forma, como comentamos anteriormente, o primeiro passo da abordagem de competências da estratégia é identificar as competências necessárias à competição em determinado setor. Contudo, essa não é uma tarefa tão simples, em virtude dos diferentes tipos de competências e de suas distintas finalidades. As competências organizacionais envolvem pessoas e conhecimentos, processos bem concebidos, tecnologias de diferentes naturezas, além de uma gestão capaz de colocar todos esses aspectos em sintonia para o alcance da vantagem competitiva. Nesse sentido, é preciso conhecer as diversas classificações das competências organizacionais. É desse ponto que partiremos para iniciar nossa análise.

Em uma revisão da literatura sobre competências na área de administração e organizações, Resende (2003) classifica as competências da seguinte forma: essenciais; de gestão; gerenciais; e requeridas pelo cargo. Já para Fleury e Fleury (2004), as competências devem ser classificadas como: essenciais; distintivas; organizacionais; e individuais. A seguir, apresentaremos os tipos de competências e suas características, especialmente considerando como cada uma deve ser entendida no processo estratégico.

Competências individuais

As *competências individuais*, como indica a nomenclatura, são as competências que os indivíduos detêm. Nesse sentido, a definição mais básica de *competência* está relacionada às características subjetivas das pessoas. Para Fleury e Fleury (2001, p. 188), a competência é "um saber agir responsável e reconhecido, que implica mobilizar, integrar, transferir conhecimentos, recursos e habilidades, que agreguem valor econômico à organização e valor social ao indivíduo".

Segundo esses autores, as competências são fundamentais para a gestão justamente por serem fontes de valor (como pode ser percebido na Figura 5.1), tanto para os indivíduos quanto para as organizações (Fleury; Fleury, 2001). Ainda para os autores, as competências individuais geram valor social aos seus detentores e valor econômico à organização que os emprega, resultando em uma sinergia ganha-ganha entre indivíduo e organização (Fleury; Fleury, 2001). Assim, se as competências individuais são capazes de gerar valor econômico para as organizações, elas devem, então, ser tratadas como recursos da organização.

FIGURA 5.1 - Competências como fontes de valor

```
┌─────────────────┐   ┌──────────────────────┐   ┌─────────────────┐
│   Indivíduo     │   │     saber agir       │   │                 │
│                 │   │   saber mobilizar    │   │                 │
│ Conhecimentos   │ ← │   saber aprender     │ → │   Organização   │
│  Habilidades    │   │   saber se engajar   │   │                 │
│   Atitudes      │   │  ter visão estratégica│  │                 │
│                 │   │assumir responsabilidades│ │                 │
└────────┬────────┘   └──────────┬───────────┘   └────────┬────────┘
         │                       │                         │
       social ──────────── Agregar valor ──────────── econômico
```

Fonte: Fleury; Fleury, 2001, p. 188.

Conforme já mencionamos, as competências individuais têm sido tradicionalmente relacionadas aos significados de três palavras: *capacidades, habilidades* e *atitudes,* correspondendo à famosa sigla **CHA** (Parry, 1996). Entretanto, nos últimos tempos, a perspectiva CHA tem recebido novas características: os termos *valores* e *ética* foram incorporados a ela, o que resultou no conceito de CHAVE (Fleury; Fleury, 2001).

Com base nesse conjunto de elementos que compõem as competências individuais, as organizações devem planejar seus diferenciais, já que, como veremos um pouco mais adiante, as competências organizacionais mais elaboradas e de difícil imitação são de natureza intangível (Barney; Hesterly, 2007) e, em grande medida, dependem das pessoas e de suas competências individuais. Porém, são as competências organizacionais que, de fato, importam para o desenvolvimento da vantagem competitiva das empresas, visto que estão diretamente vinculadas às atividades organizacionais e, por conseguinte, à estratégia. Por esse viés, também é preciso sinalizar que existem diferentes categorias de competências organizacionais.

Competências organizacionais básicas

Em sua forma mais básica, as competências organizacionais estão associadas às funções organizacionais fundamentais, como produção, logística, vendas e *marketing*, além das atividades-chave referentes à cada unidade de negócios da empresa. As competências organizacionais básicas se relacionam com os conhecimentos, as habilidades e as atitudes fundamentais necessárias para as organizações funcionarem.

Por serem básicas, tais competências são extremamente importantes para que as organizações se mantenham em funcionamento, embora não garantam, por si sós, a competitividade em um mercado concorrido. Na sequência, no Quadro 5.1, apresentamos alguns exemplos de competências organizacionais básicas.

Toda organização deve ter competência para executar suas atividades de entrega, armazenamento e conservação de insumos e produtos (logística), para a realização de vendas e de interface com o mercado consumidor e concorrente (vendas e *marketing*), bem como para proceder às atividades fundamentais a fim de produzir seus produtos e/ou serviços (operações). Contudo, tais atividades, mesmo fundamentais, não garantem a vantagem competitiva sustentável, pois não tornam a organização superior a seus concorrentes. Nessa direção, as competências organizacionais básicas são fundamentais para a sobrevivência da empresa, já que, sem elas, o negócio não se sustenta.

QUADRO 5.1 - Competências organizacionais básicas

Logística	Vendas	*Marketing*
• Sinergia com o departamento de compras • Funcionamento da frota de veículos • Operacionalização de depósitos • Sistema de informação gerencial	• Sinergia da equipe de vendas • *Site* de vendas • Boa capacidade de exposição dos produtos	• Pesquisa de mercado • Conhecimento do produto • Comunicação dos produtos e da empresa

Para exemplificar, imagine uma empresa que apresenta algum diferencial evidente – uma marca que se destaca ou uma tecnologia única e desejada –, mas que não consegue entregar seus produtos, pois não é competente em suas atividades de logística. Da mesma forma, se uma organização não for capaz de organizar devidamente seus recursos financeiros (alocando, registrando e produzindo os indicadores que orientarão as decisões de cunho financeiro), ela não conseguirá gerar retorno econômico e estará fadada ao fracasso.

Competências essenciais ou *core competences*

Como já sinalizamos, uma competência diz respeito a algo que a organização faz bem, ou seja, em que ela é **competente em fazer**.

Por exemplo, uma empresa de transportes pode ser muito boa em planejar a mais eficiente rota para a entrega de mercadorias, o que gera valor econômico, pois reduz custos e otimiza o ciclo de caixa; igualmente, uma corporação que fabrica produtos e consegue ter um tempo de processamento de pedidos mais rápido pode ser conhecida por essa competência, relativa à agilidade. Logo, podemos concluir que a maioria das empresas apresenta alguns tipos de competência, mesmo que algumas delas sejam mais significativas que outras. Entender isso é fundamental para desvendar qual é a essência de uma organização em seu cenário competitivo.

Entre os diversos tipos de competências estudadas ao longo dos anos, um ganhou grande destaque no campo da estratégia: *core competence*. Porém, antes de analisarmos em que consiste essa competência, precisamos ressaltar que, ao traduzirmos a expressão para a língua portuguesa, observamos dois principais sentidos: "competência central" e "competência essencial". Neste livro, adotamos a noção de **competência essencial**, embora ao longo do texto utilizemos também a forma original em inglês.

No campo de estudos da estratégia, o conceito de competências essenciais, ou *core competences*, foi apresentado pelos autores Prahalad e Hamel (1990) como o aspecto central para a sobrevivência das organizações. Segundo os autores, elas se constituem nas competências necessárias para o desenvolvimento das atividades relacionadas ao crescimento e à manutenção da competitividade das empresas. Nesse sentido, são essenciais porque levam as organizações a alcançar a vantagem competitiva.

As competências essenciais podem ser compreendidas de diversas maneiras. Uma delas diz respeito à ideia de uma competência que mescla um processo bem desenvolvido pela organização com uma tecnologia diferenciada e a capacidade de utilizá-la satisfatoriamente no negócio, como exposto na Figura 5.2.

FIGURA 5.2 - *Core competences*

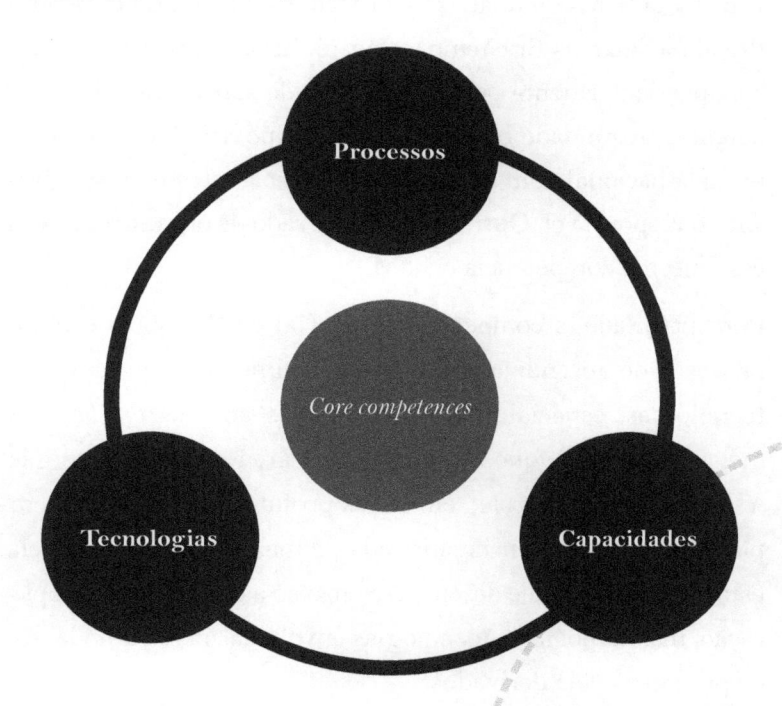

Outra maneira de pensar as competências essenciais, e que não se opõe à anterior, foca o processo de aprendizagem coletiva da organização, isto é, essas competências são fruto do processo de aprendizagem da empresa como um todo, o qual a leva a ser competente no uso das capacidades e das tecnologias em seus processos.

Assim, a questão da competência não é percebida somente como algo substantivo, como a capacidade de gerar novas patentes, mas também como uma ação processual contínua, a exemplo da capacidade de absorver as mudanças de contexto e de gerar novas opções de vantagem competitiva. Para ilustrarmos essa ideia, podemos citar uma competência essencial da empresa Whirlpool S/A, com matriz nos Estados Unidos e detentora no Brasil das marcas Brastemp e Consul. Essa empresa é reconhecida particularmente pela sua capacidade substantiva de gerar patentes. A unidade brasileira da Whirlpool S/A é a empresa privada nacional com mais registros de patentes no órgão brasileiro responsável. Outro caso consagrado de organização com essa mesma competência é a 3M.

Por outro lado, a competência essencial da Petrobras está no processo de aprendizagem e desenvolvimento de processos e tecnologias, especialmente relacionados ao seu *core business* (negócio central), que é a atuação na área de petróleo e gás. A exploração de petróleo em águas profundas é um bom exemplo de uma competência cultivada de maneira processual pela estatal brasileira, que desenvolveu não só a capacidade de exploração, mas também as tecnologias envolvidas nessa atividade e os processos dela derivados.

Nos dois casos citados, podemos perceber que uma competência essencial de uma organização não necessariamente está diretamente relacionada ao ato de gerar receitas, e sim à ação que nutre a empresa para que ela consiga promover os produtos ou serviços que geram renda (Prahalad; Hamel, 1990). Na intenção de ilustrarmos essa ideia, recorreremos à metáfora da árvore frutífera, conforme pode ser visualizado na Figura 5.3.

FIGURA 5.3 - Ilustração sobre competências essenciais

As raízes de uma árvore podem ser consideradas as competências essenciais de uma organização, pois elas a nutrem e possibilitam a geração de frutos. Nesse sentido, ao observarmos uma árvore, poderíamos imaginar que fosse necessária somente a manutenção do tronco e dos galhos para que os frutos aparecessem. Nem sempre nos damos conta de que, abaixo da terra, há uma complexa rede de raízes, responsáveis por buscar os nutrientes fundamentais para a manutenção da árvore.

Esse entendimento estreito confrontado pela metáfora da árvore é muito comum em diversas organizações em relação às suas competências essenciais. É isso que faz com que muitas empresas percam suas reais fontes de vantagens competitivas. Ainda considerando essa metáfora, podemos compreender que, se um produtor de laranjas simplesmente podar os galhos de suas árvores e não adubar e irrigar as raízes de suas laranjeiras, com o tempo elas secarão e deixarão de prover os frutos. Analogamente, o mesmo acontece com as empresas que não "irrigam" suas competências essenciais e, assim, deixam morrer o negócio no longo prazo.

Com base nesse exemplo, percebemos que os produtos que trazem a riqueza para a organização são representados pelas laranjas, as quais só são produzidas porque nascem em uma árvore que apresenta troncos e galhos bem formados. No entanto, as raízes – que não somos capazes de ver –, se não forem devidamente cultivadas e receberem a devida atenção, não permitirão que os frutos se formem. Por isso, faz-se necessário identificar quais são as competências essenciais e o que é preciso fazer para desenvolvê-las e mantê-las.

Nos casos da Whirlpool S/A e da 3M, a geração constante de novas patentes é uma de suas competências essenciais, pois permite que continuem se atualizando e lançando novos produtos que gerarão renda para elas. Da mesma forma, no caso da Petrobras, considerando-se que seu principal produto é o petróleo, a capacidade de extraí-lo das reservas marítimas é o que lhe permite ser capaz de negociar seu produto de maneira competitiva. Sob essa ótica, no Quadro 5.2, destacamos outros exemplos de empresas e suas competências essenciais.

QUADRO 5.2 - Exemplos de competências de algumas empresas

Empresas	Competências essenciais
Petrobras	Exploração de petróleo no mar
Walmart	Gestão logística
Nike	Desenvolvimento de produto
Sony	Miniaturização de componentes
McDonald's	Escolha de localizações eficazes para suas unidades
Tesla	Capacidade de inovação
Airbnb	Angariação de proprietários de imóveis

Podemos compreender, então, que as competências essenciais possibilitam que as organizações gerem seus produtos e serviços como fontes de receita sustentável. Tais competências são desenvolvidas de maneira processual e por meio da aprendizagem coletiva, potencializando as competências individuais e grupais dos envolvidos, bem como o desenvolvimento de tecnologias e de seus respectivos processos.

É justamente com base nessa ideia que o tema das competências essenciais se conecta à estratégia da empresa. Conforme já comentamos, as competências essenciais são fontes de vantagens competitivas. Assim, a identificação das habilidades produtivas já existentes na organização, bem como das competências necessárias para o alcance dos objetivos determinados, deve fazer parte do planejamento estratégico, e os elementos que a circundam devem ser monitorados, de modo a permitir possíveis alterações e adaptações no plano (Barney; Hesterly, 2007; Ghemawat, 2000).

Em outras palavras, se os produtos finais de uma empresa geram receitas, isso ocorre somente em virtude da manutenção das competências essenciais; nesse sentido, é possível compreender que o sucesso da organização depende da relação entre seus produtos e suas competências. Sob essa perspectiva da estratégia, a organização é formada por produtos finais, unidades de negócios e competências essenciais. Para alguns casos, pode-se definir quais são os produtos essenciais, isto é, plataformas que servem para diversos outros produtos e que estão mais intimamente ligadas às competências essenciais. Para exemplificarmos essa relação, podemos citar a empresa Google, conforme o Quadro 5.3, que contempla a relação entre produto final e produto essencial. Observe que este último, no caso em questão, está relacionado a uma competência essencial.

QUADRO 5.3 - Relação entre produto final e produto essencial: Google

Esferas da organização	Exemplos
Produto final	Google Maps
Unidade de negócio	Divisão de aplicativos
Produto essencial	Google Android
Competência essencial	Capacidade de desenvolver ferramentas de análise de dados

A ideia de competências essenciais também revela que nem sempre algo bem-feito deve ser considerado como fundamental para a competitividade. Dito de outro modo, se as competências essenciais são aquelas que proveem competitividade a uma empresa – e, como sabemos, a competência se refere à capacidade de executar algo muito bem –, há também outras competências que são executadas com qualidade, embora não sejam essenciais. Por exemplo, uma universidade pode ter um departamento de contabilidade altamente eficiente, o que é muito bom para a empresa, porém isso não diz respeito ao seu negócio principal. Por outro lado, ela pode contar com um corpo docente com alta capacitação e experiência, gerando a competência de desenvolver excelência em ensino e pesquisa, o que se caracteriza como uma competência essencial, pois está intimamente ligada ao negócio principal da instituição.

Competências distintivas

As competências distintivas são outro conceito que está relacionado a essa abordagem de gestão estratégica. Trata-se de competências que também são essenciais ao funcionamento da organização, mas que, além disso, diferenciam a empresa de seus concorrentes. Selznick (1972) foi o primeiro autor a apresentar esse conceito, dando ênfase à necessidade de as organizações desenvolverem suas competências distintivas. Essa noção está relacionada igualmente ao surgimento da área de estratégia na escola de negócios de Harvard, onde se desenvolveu a ideia de estratégia de negócios a partir da análise do processo de desenvolvimento de competências distintivas (Mintzberg; Ahlstrand; Lampel, 2010; Vizeu; Gonçalves, 2010).

Para compreender melhor a diferença entre competências distintivas e essenciais, é preciso entender o negócio considerando-se seu posicionamento em relação aos concorrentes. Podemos tomar como exemplo o impacto da tecnologia da informação em diferentes setores. No mundo atual, cada vez mais digitalizado, em que o comércio eletrônico tem cada vez mais se tornado realidade, as agências publicitárias devem ter uma capacidade essencial de desenvolver anúncios digitais. Entretanto, se todas as agências tiverem essa capacidade, ela não poderá ser considerada distintiva, mesmo que seja essencial. Dessa forma, por exemplo, a competência seria distintiva apenas se uma agência tivesse, sozinha, a capacidade de criar anúncios digitais divertidos, diferentemente de concorrentes. Nesse caso, a capacidade de gerar diversão nos anúncios seria a competência distintiva.

Sob essa ótica, o Quadro 5.4 revela algumas das competências distintivas de importantes empresas de escala mundial.

QUADRO 5.4 - Exemplos de competências distintivas de grandes empresas mundiais

Coca-Cola	Apple	Ambev
Desenvolvimento e manutenção do segredo da fórmula do refrigerante de cola.	Desenvolvimento de um sistema operacional menos suscetível a vírus.	Capacidade de expansão e domínio do mercado de bebidas.

Ao analisarmos os exemplos expostos no Quadro 5.4, percebemos que a competência distintiva da Coca-Cola está na elaboração da fórmula do seu produto, a qual é única e difícil de imitar. Além disso, a corporação mantém o segredo dessa fórmula e a capacidade de comunicar (pelas atividades de *marketing*) esse valor único. A Apple, por sua vez, dispõe de um sistema operacional conhecido por ser menos suscetível a vírus que os dos concorrentes, algo que a difere dos demais. Nessa empresa, também identificamos a construção do valor por meio das atividades de *marketing*, que criam a sensação de exclusividade para os produtos da marca. Por fim, a Ambev é uma corporação que se destaca pelo domínio do mercado em que atua, o qual gera uma competência operacional inigualável no Brasil, envolvendo sua capacidade de lidar com diferentes segmentos e gostos no amplo setor de bebidas.

Assim, ao planejar a estratégia que viabilizará para a empresa a mudança organizacional pretendida, é necessário identificar as competências da organização: quais são essenciais e/ou distintivas, bem como se elas já estão presentes ou podem ser desenvolvidas. Tais tarefas são fundamentais no âmbito da perspectiva de competências na gestão estratégica.

5.4

Incorporando a perspectiva da competência essencial na elaboração da estratégia

Como principal critério para o sucesso da gestão estratégica, podemos afirmar que uma estratégia bem concebida é aquela capaz de identificar o caminho para a vantagem competitiva (Ghemawat, 2000), o qual compreende o ato de reconhecer as competências necessárias, as que a organização já tem e as possibilidades de desenvolvimento de novas competências. Essas três tarefas fundamentais da gestão de competências representam o fundamento básico da perspectiva de gestão estratégica assumida neste livro.

Nessa perspectiva, o desenvolvimento da estratégia é processual, conforme ilustrado na Figura 5.4, e não apresenta uma etapa inicial preestabelecida, ou seja, a empresa pode desenvolver uma aptidão para a vantagem competitiva em qualquer momento do ciclo da visão da estratégia por competências. Isso pode ocorrer por meio da descoberta de um novo produto, aproveitando-se de uma unidade de negócio específica; por intermédio de um produto que se torne essencial para o desenvolvimento de novos produtos ou serviços; ou, ainda, pelo desenvolvimento direto de uma competência essencial. A partir do momento em que se desenvolve um ponto para o alcance da vantagem competitiva, tão mais duradoura será essa vantagem quanto melhor forem desenvolvidas outras esferas que suportem sua manutenção.

FIGURA 5.4 - Caminho para a vantagem competitiva por meio de competências

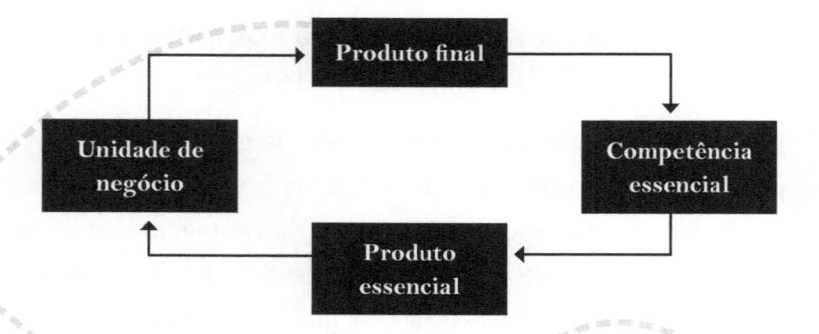

Após a identificação das possibilidades para o alcance da vantagem competitiva pelas competências, deve-se analisar o quanto, de fato, cada esfera está de acordo com o que se propõe ou se reconhece como importante.

Por sua vez, quanto à análise da competência essencial, é necessário compreender se ela é uma real fonte de vantagem competitiva. Muitas vezes, o resultado da análise de determinada competência essencial é negativo, pois se descobre que tal competência não gerará uma vantagem. Nesse caso, é preciso identificar se é possível transformá-la nessa fonte segura de vantagem. Porém, independentemente disso, a estratégia deverá representar o conjunto de ações necessárias para transformar a competência em essencial ou para desenvolver uma nova competência com vistas ao sucesso da empresa.

Identificando as competências essenciais

Conforme exposto por Prahalad e Hamel (1990), para identificar se determinadas competências são essenciais, é preciso verificar três ocorrências, apresentadas na Figura 5.5.

FIGURA 5.5 - Identificando competências essenciais

- Acesso a novos mercados
- Criação de valor aos clientes
- Difícil imitabilidade

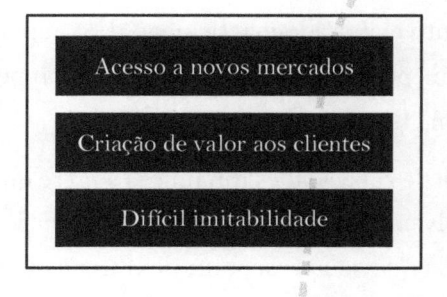

Fonte: Elaborado com base em Prahalad; Hamel, 1990; Barney; Hesterly, 2007.

A primeira consiste em perceber se tal competência permite **acesso potencial a novos mercados**. Por exemplo, quando a Google lançou o sistema operacional Android, ela criou a possibilidade de entrar em novos mercados que ainda não explorava e outros que sequer existiam.

A segunda é verificar se tal competência contribui de maneira significativa para a **criação de valor aos clientes** dos produtos finais. Por exemplo, quando uma universidade desenvolve um modelo de educação a distância e seus alunos percebem o valor dessa proposta, trata-se de uma competência essencial.

Por fim, deve-se verificar a **dificuldade de imitação** por outros concorrentes, o que se constitui no terceiro critério de análise de competências essenciais. Se uma competência pode ser facilmente imitada, ela terá vida curta, isto é, não gerará uma vantagem competitiva sustentável (Barney; Hesterly, 2007). Nessa situação, não significa que a competência não será essencial, porém, provavelmente, ela não se sustentará por muito tempo como distintiva, o que exigirá da empresa uma ação planejada para desenvolver novas competências. Por esse motivo, autores da área de estratégia ligados à abordagem de competências e da VBR têm defendido a ideia de **capacidades dinâmicas**, ou seja, de um conjunto elaborado e articulado de competências que se ajustam facilmente às mudanças no cenário competitivo (Teece; Pisano; Shuen, 1997).

Assim, a ideia de capacidades dinâmicas sugere que as organizações desenvolvem vantagem competitiva por meio de competências essenciais que se apresentam flexíveis às intensas mudanças no cenário competitivo. Nesse sentido, a concorrência não é estática, pois também se articula enfrentando a ameaça das pressões competitivas. Desse modo, uma competência essencial somente promoverá vantagem se apresentar uma dimensão ampla o suficiente para ajustar as atividades da empresa às mudanças na lógica de competição: mudanças pelas pressões dos concorrentes, das novas tecnologias, de novos comportamentos de consumo, de novas determinações legais etc.

A Figura 5.6 ilustra essa natureza da competência essencial à luz da perspectiva das capacidades dinâmicas, conforme entendidas por Teece, Pisano e Shuen (1997).

FIGURA 5.6 - Competências essenciais como capacidades dinâmicas

```
        Mudanças              Nova legislação
      tecnológicas

              Competências
              essenciais como
              capacidades
              dinâmicas

        Mudanças na           Mudanças nos
        concorrência          padrões de
       (ex.: novos players)    consumo
```

Com base nessa referência teórica, vemos que bons exemplos de desenvolvimento de competências sustentáveis são aqueles relacionados a ativos intangíveis e protegidos por legislação. Esse é o caso de competências referentes às capacidades humanas mais subjetivas, como conhecimento, criatividade e intuição, as quais criam uma série de recursos intangíveis que são difíceis de imitar, justamente porque as empresas concorrentes terão dificuldade de replicar as condições necessárias para ativar, da mesma forma, as habilidades humanas de natureza subjetiva.

Dessa maneira, empresas que continuamente geram patentes têm proteção legal e, assim, garantem-se por muitos anos sem serem copiadas. Por exemplo, a competência da Nestlé em fabricar cápsulas para café permitiu por 20 anos que só existissem no mercado duas marcas de cápsulas, ambas de posse da organização.

Traduzindo as competências essenciais em fontes de receita

Depois de identificar as competências essenciais que a empresa já tem, a próxima tarefa é descobrir de que forma é possível convertê-las em fontes de receita. Como já mencionamos, os produtos e serviços finais são as principais fontes de renda de uma organização, mas não necessariamente refletem clara e objetivamente as competências que garantem seu sucesso. Assim, desvendar essa relação, efetivamente, permite o estabelecimento de uma conexão entre a competência essencial e o principal objeto da empresa: criar valor econômico para o acionista. No entanto, esse caminho nem sempre é fácil e pode passar por outros componentes do ciclo estratégico das competências.

Muitas empresas desenvolvem seus produtos finais com base no que é chamado de *produto essencial*. Retomando o que já comentamos, um produto essencial da Google é seu sistema operacional Android, que lhe serve indiretamente como fonte de receita, já que é fornecido para que outras empresas de tecnologias gerem seus produtos. Da mesma forma, o Android é a base tecnológica para o desenvolvimento de outros produtos finais da própria Google, os quais gerarão renda para a empresa.

No Quadro 5.5, apresentamos exemplos de duas organizações e suas respectivas competências essenciais, bem como seus produtos essenciais e finais. A Canon, por exemplo, é uma indústria japonesa que tem como competência essencial a capacidade de desenvolvimento e de registro de patentes para produtos óticos, de imagem e microprocessadores. Essa competência permite que a corporação seja uma das líderes do mercado de câmeras fotográficas por meio de seus modelos e produtos finais.

QUADRO 5.5 - Das competências essenciais aos produtos finais

Empresas	Competências essenciais	Produtos essenciais	Produtos finais
Canon	Capacidade de desenvolvimento e de registro de patentes para produtos óticos, de imagem e microprocessadores.	Motores para impressoras a *laser*.	Impressoras a *laser*.
Tesla	Capacidade de desenvolvimento e de registro de patentes para produtos de geração e armazenagem de energia.	Baterias de íon-lítio.	Carros elétricos; grandes baterias para residências.

Por outro lado, a mesma Canon apresenta uma estabelecida competência essencial na fabricação de motores para impressoras a *laser*. Esses motores podem ser definidos como produtos essenciais, pois é por meio deles que a empresa consegue fabricar impressoras a *laser* com sua própria marca – ou seja, produtos finais –, embora ela também seja capaz de fornecer motores para outras marcas de impressoras.

Outro bom exemplo para demonstrar a relação entre competências essenciais e produtos é o caso da Tesla, uma indústria americana que, entre muitas atividades, atua no ramo de geração e armazenagem de energia elétrica por meio de fontes alternativas. Uma das competências essenciais da empresa é sua capacidade de desenvolver produtos e criar patentes de produtos para geração e armazenagem de energia.

Por meio dessa competência, a Tesla desenvolveu um produto essencial: a bateria de íon-lítio, a qual serve de base para o desenvolvimento de diversos produtos finais. Seus principais usos consistem em servir de fonte de energia para carros elétricos – próprios e de outras marcas – e para baterias gigantes que armazenam energia em residências em momentos nos quais não seja possível gerar eletricidade por meio de geradores solares e eólicos. Tais usos, evidentemente, constituem um fator de ampla e sólida competitividade diante das pressões ambientais e da cada vez maior consciência das pessoas para um consumo de produtos baseados em energias limpas.

É interessante notar que, apesar de a Tesla obter sua rentabilidade por meio de seus produtos, sua competência essencial é saber fazer tais produtos. Mesmo que algum concorrente desenvolva um produto similar, a Tesla tem *know-how* nesse tipo de tecnologia, o que lhe permitirá estar sempre à frente no que se refere a produtos mais eficientes e adaptações a novos usos e aplicações.

5.5
Desenvolvendo novas competências essenciais

Além dos pontos já abordados com relação à identificação das competências já existentes na organização e à sua tradução como fontes de receita, há também a possibilidade de desenvolver competências essenciais de maneira planejada. Isso demanda uma espécie de arquitetura da estratégia voltada para tal objetivo e deve ser considerado como uma importante meta do planejamento estratégico.

O desenvolvimento de competências essenciais passa pelo primeiro passo, que corresponde a identificar quais são as potenciais competências a serem desenvolvidas. Isso requer que a organização promova um bom diagnóstico do setor, bem como de todas as forças competitivas que traduzem a dinâmica de mudança do ambiente organizacional. No mesmo sentido, é preciso realizar um acurado diagnóstico interno: conhecer o que a empresa tem de bom ou ruim e em que ela é forte ou fraca em termos de recursos e capacidades.

Tal diagnóstico externo e interno é fundamental para o desenvolvimento planejado de competências essenciais. Isso porque, embora a organização ainda não tenha um conjunto de capacidades que possam caracterizar uma competência essencial, é pela análise de seu potencial em gerar vantagem competitiva e retorno financeiro futuro (direto ou indireto) que se pode traçar um plano de desenvolvimento para transformar positivamente esse quadro.

Contudo, esse diagnóstico faz parte do processo estratégico, especificamente da primeira fase. Nesse sentido, a estratégia competitiva da empresa indica um caminho para o desenvolvimento das atividades e deverá também servir de norte para a promoção das competências da empresa, a fim de otimizar suas ações.

Assim, tanto a identificação como a reversão em retorno financeiro ou mesmo o desenvolvimento das competências essenciais envolvem a operacionalização de um amplo processo de gestão estratégica, centrado no diagnóstico dos ambientes externo e interno, bem como na formulação e na implantação de um plano estratégico. Ou seja, a incorporação da perspectiva das competências exige a elaboração de um plano que identificará as competências essenciais e os recursos necessários para a execução da estratégia da empresa e o alcance dos resultados desejados.

O caso da Apple é um interessante exemplo de como desenvolver esse plano estratégico. A célebre empresa de tecnologia da Califórnia cresceu em razão de sua capacidade de fazer as coisas de maneira diferente dos concorrentes. Porém, ao longo de sua trajetória, por ter se tornado uma corporação de grande porte e complexa, seus dirigentes nem sempre chegavam a um consenso quanto à melhor estratégia a ser seguida.

Dessa forma, coube ao seu fundador, Steve Jobs, assumir a responsabilidade de dar um novo rumo à empresa. Em determinado momento, ele precisou retirar alguns gestores da empresa e redefinir a estratégia da corporação. Como o foco estava na capacidade de conceber produtos que gerassem uma necessidade para os consumidores por meio de utilidade, estética e ergonomia, ficou claro que era necessário desenvolver uma estratégia baseada em inovação e qualidade.

Com base nisso, a empresa desenvolveu como competências primárias o *design* de seus produtos e a criação de produtos essenciais. Em 2004, foi criada a tela *multitouch*, que permitiu a geração de um dos mais importantes produtos de nosso tempo: os *smarthphones*, ainda considerados os principais produtos da empresa. Entretanto, devemos compreender que o desenvolvimento da competência do *design* ou o domínio da tecnologia *touch* foi processual, isto é, ocorreu de maneira planejada e gradual. Sob essa ótica, o exemplo da Apple e de tantas outras organizações de sucesso revela que incorporar a perspectiva das competências essenciais à estratégia da organização é uma ação gradual e sistemática, que deve ser cuidadosamente planejada.

Nessa direção, as competências essenciais são um tema muito pesquisado nas universidades e também despertam grande interesse nas empresas, que, cada vez mais, percebem a necessidade de combinar competências diversas com recursos disponíveis para a criação de produtos e serviços atraentes aos clientes. Essa perspectiva, antes de ser um modismo, é um poderoso fundamento para a prática de gestão estratégica.

Apesar da diversidade de conceitos e das múltiplas dimensões de significações, como já mencionamos, uma competência pode ser genericamente definida como a capacidade de combinar recursos a um conjunto de capacidades e transformá-los em produtos e serviços finais, os quais gerarão receitas diretas para a empresa. Também vimos que as competências essenciais estão diretamente relacionadas a produtos e/ou serviços essenciais, que, por sua vez, permitirão a criação de outros produtos finais. Apresentamos uma síntese dessas ideias no Quadro 5.6, que destaca os tipos de competências e traz alguns exemplos.

QUADRO 5.6 - Tipos de competências e exemplos

Competências individuais	Competências organizacionais básicas	Competências essenciais	Competências distintivas
• **Boa comunicação** • **Liderança** • **Proatividade** • **Conhecimentos específicos**	• Equipe de vendas • Depósito de produtos acabados • Sistema de informação gerencial	• Capacidade de exploração marítima do petróleo • Sistema de logística reversa para troca de mercadorias no comércio eletrônico	• Capacidade de servir quatro mil almoços simultâneos • Capacidade de exploração do petróleo no pré-sal

As competências essenciais exemplificadas no Quadro 5.6 indicam um ponto interessante, que diz respeito à tradução de competências de natureza subjetiva em capacidades organizacionais percebidas pelos *stakeholders* por seu valor econômico. Ou seja, qualquer investidor entende que a capacidade de exploração do petróleo no pré-sal é uma competência distintiva de uma corporação como a Petrobras; contudo, esse investidor terá dificuldade em reconhecer o valor das competências individuais de pesquisadores ligados à pesquisa de geologia de águas profundas. Essa extrapolação de competências individuais em competências distintivas das organizações é o grande desafio dos programas de gestão estratégica, além de consistir no fundamento da abordagem estratégica da visão baseada em recursos (VBR), tratada na próxima seção.

5.6
Visão baseada em recursos (VBR)

Apesar de este livro ter apresentado primeiramente o conceito de competências como uma das fontes de vantagem competitiva, a abordagem mais antiga nesse campo de estudos se refere aos recursos. Na realidade, tal abordagem serviu de alicerce para o conceito de competências (Kretzer; Menezes, 2006). Realmente, os estudos na área de estratégia revelam que grande parte das competências de uma empresa está atrelada às suas capacidades e habilidades de explorar recursos.

Conforme já mencionamos, um dos grandes questionamentos da gestão estratégica é compreender os processos de alcance e manutenção da vantagem competitiva. Nesse sentido, segundo Vallandro e Trez (2013), diferentes abordagens respondem de alguma maneira a esse questionamento. No contexto de uma perspectiva mais tradicional, algumas teorias econômicas abordam o crescimento e o lucro como principais fontes de vantagem competitiva das organizações, como é o caso da teoria econômica do campo da organização industrial dos setores. No entanto, essa perspectiva é considerada limitada, pelo fato de fundamentar-se em um pensamento imediatista que não é capaz de explicar como as organizações conseguem manter lucros duradouros em ambientes competitivos.

Por essa razão, há uma série de autores que buscaram conciliar a perspectiva econômica da vantagem competitiva com a visão por competências. Alguns importantes pesquisadores que oferecem interessantes manuais baseados nesse esforço são Rumelt (1991), Ghemawat (2000) e Barney e Hesterly (2007). Suas ideias exploram as ferramentas clássicas da administração estratégica por meio dos modelos porterianos e da VBR, especialmente considerando a vertente que busca explorar o conceito de competências essenciais. Sob essa ótica, Ghemawat (1986) propõe que, com o objetivo de alcançar uma vantagem competitiva sustentável e de superar seus concorrentes, as empresas devem desenvolver estratégias que explorem seus recursos e suas competências a fim de garantir o desenvolvimento de produtos e serviços que satisfaçam às necessidades de seus principais *stakeholders* (clientes e acionistas), de modo a alcançar lucros e crescimentos sustentáveis no longo prazo.

Mas foi a partir do estudo de Barney (1991) que a conciliação entre a VBR e a ideia de vantagem competitiva se tornou mais popular entre os estudiosos da área de estratégia. Esse autor propôs um modelo poderoso para identificar a natureza dos recursos estratégicos e sua relação com a vantagem competitiva sustentável, de forma significativamente diferente do que prescrevia o modelo de Porter (1989b) sobre a lucratividade obtida exclusivamente pela construção econômica de valor. O modelo de Barney ficou conhecido pelo acrônimo VRIO, que será explicado mais adiante neste capítulo.

Contextualização e origem dos estudos da VBR

Pela necessidade de compreender os recursos como fonte de vantagem competitiva, diversos autores desenvolveram estudos sobre o tema, os quais deram origem ao que passou a ser chamado de *abordagem baseada em recursos*, cujos principais pesquisadores são Wernerfelt (1984), Barney (1991), Rumelt (1991) e Peteraf (1993). Todos eles sustentam que a relação entre os recursos e as capacidades das empresas constitui a fonte de vantagem competitiva e que, por conseguinte, é essa relação que garante a lucratividade às organizações. Na opinião desses estudiosos, nenhuma organização é igual à outra, já que a formação de suas competências e o desenvolvimento ou a aquisição de seus recursos se dão de maneira diferenciada, o que evidencia a necessidade de uma boa estratégia de exploração de recursos para se destacar no mercado competitivo.

Ao assumirem como verdadeiras as proposições de que as organizações são diferentes entre si e que o ambiente externo é altamente competitivo, está em contínua mudança e impacta todas as empresas, as corporações têm ao alcance de suas mãos a possibilidade de desenvolver e explorar recursos e capacidades para se destacarem perante a concorrência. Assim, o desenvolvimento e a adequada exploração dos recursos constituem o cerne da discussão da VBR (em inglês, *Resource-Based View* – RBV), a principal vertente da abordagem dos recursos no campo da estratégia empresarial.

As pesquisas sobre a VBR tiveram início com os trabalhos de Wernerfelt (1984) e de Barney (1986). Atualmente, a análise dos recursos vem sendo bastante utilizada pelas organizações para a compreensão de seu desempenho e de seus resultados. O trabalho de Wernerfelt (1984) foca a análise econômica dos recursos com base em duas estratégias principais: a que potencializa os recursos já existentes e a que busca desenvolver novos recursos. Ou seja, para o autor, é extremamente necessário para a sustentabilidade no longo prazo que a organização equilibre essas duas estratégias dos recursos.

Por sua vez, Barney (1986) aborda o risco em não se utilizarem com propriedade os recursos já disponíveis. Segundo ele, as empresas que não exploram os recursos que já possuem tendem a não alcançar resultados acima da média. Isso porque nem todos os recursos de uma organização têm o potencial de sustentar vantagens competitivas; alguns, aliás, podem até mesmo gerar desvantagens (Barney, 1991).

Tais ideias expressam o já mencionado modelo VRIO (ilustrado no Quadro 5.7). De acordo com Barney (1991), os recursos das organizações que têm potencial de promover vantagem competitiva precisam ter quatro características alinhadas:

1. **Critério de valor** – Devem ser valiosos, ou seja, desejados pelo mercado.
2. **Critério de raridade** – É fundamental que se configurem como raros, isto é, devem ser recursos que não são explorados por um grande número de competidores ao mesmo tempo.

3. **Critério da não imitação** – Devem ser imperfeitamente imitáveis e não deve haver bens substitutos que apresentem as características anteriores.

4. **Critério de organização** – Devem ser ativados da melhor forma possível pelos sistemas de organização e de administração da empresa.

QUADRO 5.7 - Critérios VRIO

Valor	Raridade	Inimitabilidade	Organização
• O recurso contribui para a geração de valor?	• O recurso é raro entre as empresas que atuam no setor?	• O recurso é difícil de imitar ou existem barreiras à imitação?	• O recurso está sendo devidamente utilizado pela organização por meio de seus sistemas de administração?

Fonte: Elaborado com base em Barney, 1991; Barney; Hesterly, 2007.

Assim, Barney (1991) e Barney e Hesterly (2007) concluem que os recursos valiosos, raros, não imitáveis, insubstituíveis e devidamente organizados são as reais fontes de vantagem competitiva para as empresas. Conforme Mizumoto, Kolya e Scarpari (2011, p. 2), é "pela combinação de recursos que podemos nos diferenciar da concorrência. Hoje em dia é muito difícil superar a concorrência simplesmente com o destaque de um recurso, seja ele um produto ou um serviço".

Sob essa ótica, Mizumoto, Kolya e Scarpari (2011) apresentam a figura a seguir, que ilustra uma possível forma de promover a análise dos recursos.

FIGURA 5.7 - Fluxograma de análise VRIO

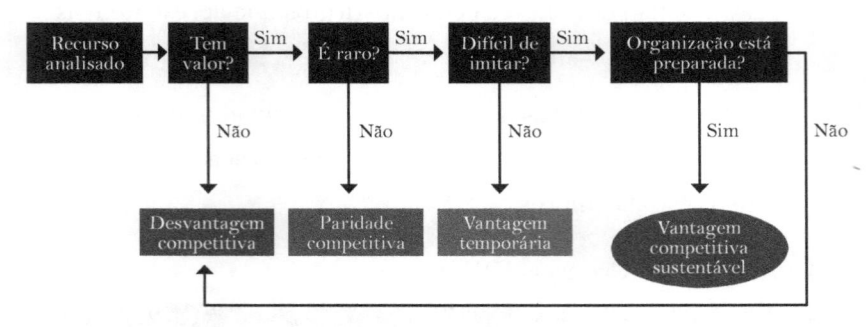

[Fluxograma: Recurso analisado → Tem valor? (Sim) → É raro? (Sim) → Difícil de imitar? (Sim) → Organização está preparada? (Sim) → Vantagem competitiva sustentável. Ramos "Não": Desvantagem competitiva; Paridade competitiva; Vantagem temporária; Não (da Organização) → Desvantagem competitiva.]

Fonte: Mizumoto; Kolya; Scarpari, 2011, p. 2.

Ainda segundo os autores, a análise VRIO pode ser executada da seguinte forma:

> Utilizando-se o modelo VRIO, a primeira pergunta que fazemos é: este serviço tem Valor? Se a resposta for não, [...] pode se considerar em Desvantagem Competitiva. Caso tenha valor, procedemos com a análise. O recurso é Raro? Se a resposta for não tem-se uma Paridade Competitiva. Se a resposta for sim, seguimos para a próxima pergunta: É difícil de Imitar? Se não, tem-se uma situação de Vantagem Competitiva Temporária. Do contrário vamos para a última pergunta. A Organização está preparada para explorar este recurso? Se a resposta for negativa, então também se dá uma Desvantagem Competitiva, pois de nada adianta termos um recurso de valor, raro, difícil de ser imitado, mas que não é aproveitado [...]. Por outro lado, se a resposta for positiva, tem-se em mãos um recurso com Vantagem Competitiva Sustentável. (Mizumoto; Kolya; Scarpari, 2011, p. 2-3, grifo do original)

O surgimento da visão de Barney (1991) sobre a natureza dos recursos organizacionais ocorreu na mesma época em que um grande número de pesquisas se concentrava na formação da estratégia para o alcance da vantagem competitiva por meio da análise externa da organização. Pelo fato de focar as oportunidades e ameaças do ambiente relacionadas à empresa, esse tipo de pesquisa foi intitulado pelo autor de **modelo ambiental de vantagem competitiva**. Todavia, havia outro grande grupo de pesquisas sendo realizadas no início da década de 1990, denominado por Barney (1991) de **modelo baseado em recursos**, que dava ênfase à pesquisa e à análise interna da organização com grande foco em seus pontos fortes e fracos.

Foi assim que Barney (1991) propôs uma abordagem consolidadora desses dois modelos, apresentada na Figura 5.8. Nesse novo modelo, o autor sugere que a análise ideal dos recursos organizacionais mescla os quatro fatores citados – forças e fraquezas internas da organização, oportunidades e ameaças do ambiente externo – e contempla ainda as características mencionadas anteriormente (valiosos, raros, difíceis de serem imitados e insubstituíveis).

Figura 5.8 - Relações entre os ambientes interno e externo

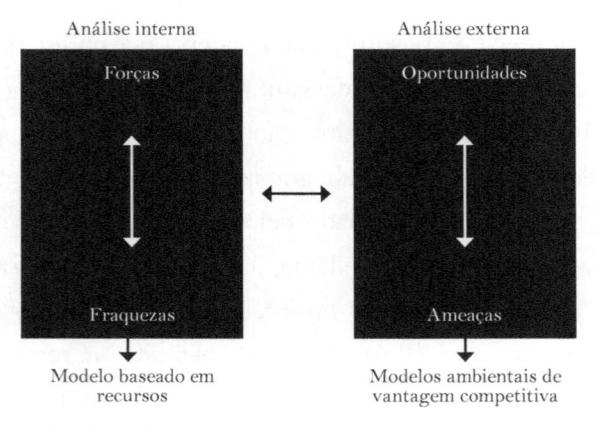

Análise interna		Análise externa
Forças ↕ Fraquezas	↔	Oportunidades ↕ Ameaças
↓		↓
Modelo baseado em recursos		Modelos ambientais de vantagem competitiva

Fonte: Barney, 1991, p. 100, tradução nossa.

No modelo ambiental, no qual as ameaças e as oportunidades geradas pelo ambiente externo são observadas, parte-se do pressuposto de que todas as organizações de um mesmo setor possuem os mesmos recursos internos e, portanto, o alcance da vantagem competitiva estaria atrelado à maneira como essas empresas lidam com o ambiente em que estão inseridas. É por esse motivo que as abordagens dessa vertente privilegiam a visão analítica das estruturas competitivas de um setor, como no caso dos estudos de Porter (Mintzberg; Ahlstrand; Lampel, 2010).

Por outro lado, os defensores do modelo baseado em recursos defendem que a vantagem competitiva reside nos recursos internos e em como as empresas os exploram. Trata-se de uma visão mais preocupada com fatores internos e, por isso, contrapõe-se diretamente à visão centrada na análise do ambiente externo.

Foi com o objetivo de consolidar os dois modelos que surgiu a VBR. Basicamente, seu modelo compreende – embora com mais ênfase no ambiente interno das empresas – a conciliação entre os elementos do ambiente externo e os recursos do ambiente interno. A dinâmica desse modelo está na análise *inside out* (de dentro para fora), ou seja, analisam-se os recursos organizacionais e como eles se comportam em relação às questões externas para, somente assim, obter-se a verdadeira compreensão do que gerará vantagem competitiva.

Com base nessa visão conciliadora proposta por Barney (1991), a busca por lucros, crescimento e perenidade de uma organização no longo prazo deixa de estar atrelada às forças do mercado e à organização interna da empresa e passa a se vincular à capacidade de combinar os recursos e outras competências a fim de estabelecer ativos robustos e processos maduros que permitam à organização adaptar-se às mudanças internas e externas. Na prática, entende-se que somente o ambiente, *per se*, não se mostra como uma fonte segura de vantagem competitiva, visto que todas as empresas de determinado setor poderão reagir da forma como julgarem mais pertinente, sendo que as escolhas relativas a tal reação poderão sobressair-se umas às outras.

Tendo em vista esse aspecto, entendemos que existe uma crítica à visão analítica da perspectiva econômica da estratégia, que considera como base do pensamento estratégico a capacidade de analisar as forças e os arranjos competitivos do ambiente organizacional (Vizeu; Gonçalves, 2010). É por isso que, para Mintzberg, Ahlstrand e Lampel (2010), essa vertente assume que o processo estratégico é uma atividade analítica do setor.

Porém, ao desconsiderar a complexa relação entre os possíveis arranjos internos na configuração dos ativos de uma organização, essa visão ambiental da vantagem competitiva nega a possibilidade de construção autônoma desse posicionamento vantajoso, isto é, a possibilidade de construção da estratégia de dentro para fora.

É nesse ponto que consiste o caráter complementar da abordagem da VBR, conforme ilustrado na Figura 5.9. Se, na perspectiva porteriana, o posicionamento estratégico é determinado de fora para dentro, mediante a análise da estrutura do ambiente competitivo (Vizeu; Gonçalves, 2010), na VBR, a vantagem competitiva é construída de dentro para fora, por meio do controle ou da otimização dos recursos estratégicos (Barney; Hesterly, 2007).

Figura 5.9 - Diferentes visões sobre a origem do posicionamento competitivo

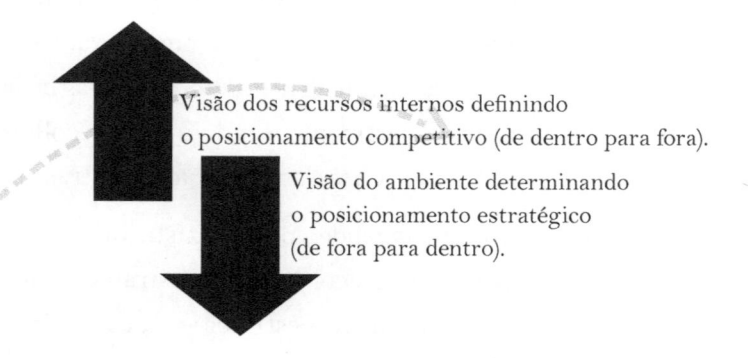

Visão dos recursos internos definindo o posicionamento competitivo (de dentro para fora).

Visão do ambiente determinando o posicionamento estratégico (de fora para dentro).

É nisso que reside a força da VBR, ao buscar na relação dos recursos internos com as contingências e os arranjos competitivos do ambiente as respostas para a criação de valor e, consequentemente, da vantagem competitiva. Tal visão subentende uma maior possibilidade de escolha por parte dos gestores, já que os recursos podem ser administrados de maneiras diferentes pelas organizações. A partir de uma adequada organização dos recursos, estes podem ser utilizados como fontes de desenvolvimento econômico e financeiro da empresa em determinado cenário competitivo, bem como tornar-se barreiras às pressões competitivas advindas de outras organizações e de contingências ambientais.

Sem negar todo o conhecimento desenvolvido pela área de estratégia sobre a questão do ambiente e sua influência na configuração da estratégia, a VBR considera que um setor e as empresas que o compõem são heterogêneos em relação aos recursos utilizados pelas organização do mesmo setor. Isso se deve à própria natureza dos recursos, a qual contempla diferentes dimensões que tornam seu uso tão complexo e distinto. A seguir, apresentamos algumas dessas múltiplas dimensões:

- os recursos podem ser positivos ou negativos para uma organização, a depender de sua contribuição na qualidade de ativo que produz valor;

- os recursos, mesmo que valiosos, podem ser banalizados em determinado setor, se contemplarem uma tecnologia facilmente replicável;

- para serem utilizados em seu potencial de gerar valor, os recursos precisam ser adequadamente geridos;

- muitas vezes, o valor obtido por um recurso reside no arranjo feito entre este e outros recursos.

Assim, a real fonte de lucros sustentáveis no longo prazo está na forma como uma organização identifica seus recursos estratégicos — aqueles demandados pelos clientes e que são difíceis de serem encontrados ou copiados pelos concorrentes. Dessa forma, a vantagem competitiva, tal qual concebida pela VBR, mostra-se mais coerente no alcance do lucro sustentável, porém exige que as empresas desenvolvam a capacidade de identificar e explorar os recursos que, de fato, serão considerados estratégicos para o negócio e o interesse competitivo.

5.7 Identificando recursos estratégicos

Neste livro, assumimos a visão clássica da estratégia como o conjunto de ações definidas no planejamento estratégico para que determinada organização alcance seus objetivos (Ansoff, 1977). Desse modo, gerir a estratégia compreende todo o processo de planejamento, definição, implementação e controle da estratégia.

Nesse processo, reconhecemos a VBR como uma perspectiva proveitosa para orientar a atividade do planejamento. De fato, a perspectiva dos recursos já remonta a uma visão antiga no mundo dos negócios sobre a essência da empresa. Em 1959, Edith Penrose já havia definido uma empresa como um conjunto de recursos produtivos; por conta disso, seria, então, necessário consolidar os conceitos de recursos para que, de fato, eles pudessem ser abordados estrategicamente.

Mas será que os recursos disponíveis para uma empresa são similares uns aos outros ou podem ser classificados em grupos de naturezas distintas? Na realidade, responder a esse questionamento tem sido a primeira tarefa dos autores da VBR, que têm procurado propor classificações úteis aos gestores. Tal enquadramento representa a primeira atividade relacionada aos recursos durante o planejamento estratégico.

Contudo, antes de apresentarmos os principais tipos de recursos, precisamos abordar duas características básicas dos recursos estratégicos: a heterogeneidade e a imobilidade. A primeira condição – a **heterogeneidade** – representa como a diversidade dos recursos contribui para que as empresas sejam distintas uma das outras. Nesse sentido, organizações que competem em um mesmo setor podem dispor de recursos e capacidades diferentes e, ainda assim, alcançar sucesso em suas estratégias. Esse critério derruba a ideia de que corporações de um mesmo setor devem desenvolver uma única capacidade de análise das condições ambientais como forma de obter vantagem competitiva, além de demonstrar a complexidade da escolha e da gerência dos recursos de cada instituição.

A outra condição, referente à **imobilidade** dos recursos, não sugere que estes sejam literalmente imóveis, e sim que os recursos de uma organização podem ser duradouros. Isso porque muitos recursos estratégicos são caros e de difícil operacionalização, além de o processo para a sua criação ser demorado (dada a sua complexidade). Nesse aspecto repousa uma das grandes oportunidades do planejamento estratégico: definir ações de longo prazo que permitam a manutenção da exclusividade dos recursos de que se dispõe. Particularmente, percebemos nesse critério a vinculação a uma premissa do pensamento clássico de planejamento estratégico, a de que esse processo assume um escopo de longo prazo – do inglês *long range planning*, tal qual abordado por Ansoff (1977).

Mas o que pode ser classificado como recurso de uma empresa? Todos os ativos físicos ou intangíveis – as capacidades, as competências, os processos organizacionais, as informações, os conhecimentos e modelos de gestão, entre outros ativos que uma empresa possui – podem ser classificados como recursos, desde que permitam à organização alcançar a vantagem competitiva.

Entretanto, os pesquisadores da VBR procuraram desenvolver diferentes classificações relativas aos recursos. Diversos modelos foram desenvolvidos, embora eles assumam uma essência muito similar. Por essa razão, buscaremos expor a classificação apresentada por Barney e Hesterly (2007), segundo os quais os recursos de uma empresa podem ser agrupados em quatro grandes categorias:

1. **Recursos financeiros** – São recursos monetários que uma empresa utiliza para financiar operações e investimentos. Podem ser próprios, provenientes de investimentos de sócios, de receitas com venda de produtos e/ou serviços ou venda de ativos, ou advindos de financiamento de terceiros, como fornecedores e bancos.

2. **Recursos físicos** – Representam todos os bens tangíveis que uma empresa possui, como plantas fabris, equipamentos,

localização e acesso a matérias-primas. Sua peculiaridade é que, por serem tangíveis, tais recursos apresentam o risco de serem facilmente adquiridos pela concorrência.

3. **Recursos humanos** – Referem-se à força de trabalho e a suas competências, a exemplo de treinamentos recebidos, experiência, inteligência, conhecimentos técnicos individuais, entre outros.

4. **Recursos organizacionais** – Referem-se aos sistemas da empresa, que incluem sistemas produtivos, operacionais, estrutura, sistemas informacionais, cultura e reputação, bem como às relações formais e informais entre grupos dentro da empresa e também externas.

A distinção entre esses quatro tipos de recursos é o primeiro passo para se avaliar o quanto eles se traduzem em vantagem competitiva. Conforme já comentamos, uma medida interessante para identificar de que maneira determinado tipo de recurso pode contribuir para a vantagem competitiva é pelo modelo VRIO, de Barney (Barney, 1991; Barney; Hesterly, 2007). Tal modelo é bastante difundido no mundo organizacional, por utilizar quatro indicadores práticos que permitem inferir se um recurso pode ser classificado como fonte de vantagem competitiva.

Sob essa ótica, conforme Barney e Hesterly (2007), a VBR possibilita o desenvolvimento de um conjunto de ferramentas para analisar os recursos das empresas e o potencial a ser explorado ou desenvolvido. Segundo os autores, por meio de sua utilização, torna-se possível elaborar uma eficiente análise das forças e fraquezas internas das empresas.

Assim, os indicadores do modelo VRIO, já abordados na subseção anterior, apresentam as seguintes características:

- O **critério de valor** indica que determinado recurso contribui direta ou indiretamente para a geração de valor econômico para a empresa. Tal recurso pode traduzir-se como aumento de receita ou eficiência econômica ou, ainda, referir-se à combinação de ambos. No entanto, compreender de que maneira um recurso organizacional contribui para a criação de valor nem sempre é uma tarefa fácil, tendo em vista toda a complexidade da atividade produtiva nos dias atuais. Por vezes, a criação de valor é subjetiva, mesmo que, em algum momento, se traduza em valor econômico. Esse é o caso do valor de uma marca ou do valor da reputação de uma empresa.

- O segundo critério, o da **raridade**, corresponde à ideia do quão exclusivo é um recurso em relação ao mercado concorrente. Nesse sentido, é importante identificar a raridade de determinado recurso com o objetivo de evitar que um número grande de concorrentes consiga desenvolvê-lo ou adquiri-lo. Se uma organização possui recursos valiosos, mas que estão nas mãos de diversos outros concorrentes por não serem raros, certamente eles não poderão ser classificados como fontes de vantagem competitiva.

- Com relação ao critério de ser **imperfeitamente imitável**, é importante monitorar as possibilidades de substituição de um recurso por outro ou de desenvolvimento do mesmo recurso por um concorrente. Isso significa entender bem os processos de desenvolvimento do recurso, os custos para a operacionalização das atividades a ele relacionadas, bem como o tempo necessário para que todo o processo aconteça. Muitas vezes, uma instituição sabe que determinado recurso será imitado, mas a demora para isso será tanta que ela conseguirá potencializar um retorno satisfatório. Da mesma forma, existem mecanismos que impedem a imitação, ainda que por certo período de tempo. Um bom exemplo são as legislações de patentes ou outros mecanismos legais de manutenção de segredo industrial.

- Finalmente, o **critério de organização** diz respeito à maneira como o recurso será operacionalizado. Dito de outra forma, não bastará deter o controle ou a posse de um recurso se ele não for devidamente utilizado pela empresa para gerar valor. Em virtude disso, é extremamente necessário que a empresa disponha de processos organizacionais capazes de explorar o recurso. Sob essa ótica, de nada adianta possuir um recurso esquecido em um depósito.

A avaliação pelo modelo VRIO deve ser executada individualmente para cada recurso. Nesse sentido, é preciso analisar cada um dos indicadores em sua ordem, ou seja, em primeiro lugar, é importante descobrir se determinado recurso é valioso; caso não seja, a análise terminará, uma vez que gastar energia com um recurso sem valor não é eficiente. Nesse caso, o recurso é classificado como um potencial promotor de **desvantagem competitiva**.

Todavia, se o recurso é reconhecido como valioso, deve-se partir para a próxima pergunta: Ele é raro? Se a resposta for negativa, trata-se de um recurso que gera **igualdade competitiva**. Isso significa que, mesmo gerando valor para a empresa, o recurso não é capaz de promover vantagem para competir, já que a maioria (ou todos) dos concorrentes o detém.

Seguindo com a análise, se o recurso também atender ao critério da raridade, então se deve buscar identificar se ele é difícil de ser imitado. Em caso de resposta negativa, fica claro que ele é promotor de **vantagem competitiva temporária**, ou seja, de curto prazo. O problema dessa classificação reside, justamente, no pouco tempo pelo qual ele será capaz de gerar valor exclusivamente para a organização. Esse caso é evidenciado no desenvolvimento de tecnologias fáceis de serem imitadas, em que basta à concorrência realizar um processo de engenharia reversa para obter um resultado parecido. Podemos imaginar o custo que uma organização tem para desenvolver uma nova tecnologia agregada a um produto e, em contrapartida, o transtorno de não ter tido tempo de desfrutar os benefícios no mercado na hipótese de seus concorrentes terem imitado sua inovação.

Contudo, se a resposta for positiva para esses critérios, então se deve partir para a última pergunta, referente ao critério de **organização**: A empresa dispõe de processos organizados que podem explorar esse recurso? Se a resposta for negativa, a empresa terá um recurso cuja **vantagem competitiva** é **desaproveitada ou subutilizada**. Nessa lógica, de nada adianta contar com um recurso estratégico (valioso, raro e difícil de imitar) se a organização não é capaz de utilizar todo o seu potencial. Porém, se a resposta for novamente positiva, então certamente esse recurso gerará à empresa uma **vantagem competitiva de longo prazo**, visto que é valioso, raro, difícil de imitar e já está sendo explorado em seus processos organizacionais.

Para ilustrarmos o exposto, apresentamos, no Quadro 5.8, o modelo VRIO em forma de matriz, a fim de facilitar sua visualização e análise.

QUADRO 5.8 - Identificando recursos estratégicos pelo modelo VRIO

Valioso?	Raro?	Custoso de imitar	Explorado pela organização?	Implicações competitivas
Não	-		Não	Desvantagem competitiva
Sim	Não			Paridade competitiva
Sim	Sim	Não		Vantagem competitiva temporária
Sim	Sim	Sim	Sim	Vantagem competitiva sustentável

Fonte: Barney; Hesterly, 2007, p. 80.

Um interessante aspecto prático do modelo VRIO é que ele fornece uma sólida base para a tomada de decisão imediata. Como exemplo, vamos considerar um hotel que decide adotar os critérios do modelo VRIO para avaliar seus recursos. O gerente, responsável pela análise, começa avaliando os recursos físicos, como acomodações e espaços de lazer. Em um primeiro momento, ele percebe que a piscina do hotel é um recurso que não gera valor, pois o estabelecimento fica em uma cidade muito fria e a piscina é descoberta e não aquecida, ou seja, além de nenhum hóspede desfrutar desse recurso, a manutenção cara onera as despesas da empresa. Dessa forma, o gerente conclui que esse recurso gera desvantagem competitiva, pois sua existência compromete a competitividade do hotel, dificultando os investimentos em outros recursos que perfaçam ações competitivas mais efetivas. O que fazer diante de uma situação como essa?

Então, os dirigentes do hotel decidem desativar a piscina e construir um salão de eventos, pois notam que muitos clientes são empresários e que o hotel é muito demandado para situações de reuniões de trabalho. É assim que o novo recurso passa a ser valioso, pois agrega valor ao negócio, gerando novas receitas e/ou potencializando as reservas por um nicho importante para o hotel.

No entanto, ainda é preciso analisar se o novo recurso gerará uma vantagem competitiva sustentável. Por essa razão, faz-se necessário promover uma série de análises: se os concorrentes locais também dispõem de um espaço para convenções e, em caso negativo, se poderiam construí-lo; se o hotel conta com capacidade organizacional/gerencial para potencializar os resultados por meio do novo centro de convenções etc. Caso todas as respostas sejam favoráveis, o novo recurso gerará uma vantagem competitiva sustentável.

Sob essa perspectiva, de acordo com a VBR, podemos concluir que a análise da capacidade de gerar vantagem competitiva em uma empresa passa necessariamente por um exame interno da organização, a fim de descobrir seus recursos e suas capacidades. Desse modo, a evolução da VBR resultou na incorporação das competências essenciais, já abordadas neste capítulo. A identificação dessas competências está diretamente associada à análise dos recursos proposta pela VBR, uma vez que o processo de reflexão e tomada de decisão sobre os recursos diz respeito à análise da vantagem competitiva.

5.8
Explorando a vantagem competitiva na VBR

Como comentamos anteriormente, a base da VBR repousa na capacidade de os recursos e seus arranjos gerarem vantagem competitiva para as organizações. Agora, novamente, voltamos à questão do que seria, de fato, vantagem competitiva. Mesmo tendo abordado amplamente o termo até este ponto do texto, precisamos recuperar essa ideia, para que possamos ter a certeza de que estamos no caminho certo.

Grosso modo, podemos afirmar que a vantagem competitiva diz respeito à capacidade das organizações de se sobressaírem em relação aos demais concorrentes. Essa análise não está incorreta, mas é demasiadamente simples para esclarecer toda a complexidade que envolve a prática da estratégia empresarial. Também ficou subentendido, na subseção anterior, que uma vantagem competitiva ocorre quando se gera valor econômico superior para a empresa. Certamente, essa ideia é mais elaborada que a anterior e costuma ser adotada por muitos autores da área de estratégia, como o célebre Michael Porter (1989b).

Todavia, ainda não é suficiente para revelar toda a complexidade do processo estratégico.

Por essa razão, devemos assumir uma ideia mais elaborada sobre a vantagem competitiva, o que não significa dizer que devemos complicá-la. Assim, trataremos da vantagem competitiva a partir do seguinte exemplo: suponha que um empreendedor tem uma excelente ideia para um novo negócio; pode ser um novo produto ou serviço ou mesmo um produto já existente, mas com algum atributo novo, que gera algum benefício antes não presente. Com base nessa ideia e na organização de uma empresa, esse empreendedor funda seu novo negócio.

Contudo, a partir do momento em que decide produzir e vender seu novo produto, ele passa a causar uma série de impactos na sociedade. O primeiro diz respeito à vida de seus potenciais compradores, que deixam de comprar os produtos já existentes para adquirir o da nova empresa, o que gera um transtorno para as organizações existentes, que não vão contentar-se em apenas ver seus antigos clientes migrarem para o novo concorrente. Pelo contrário, elas vão retaliar de diferentes formas e por meio de armas distintas: estratégias de *marketing*, redução de preços, inovações nos produtos etc.

Esse cenário *per se* já revela toda a complexidade do que chamamos de *competição*: ela envolve uma rede complexa de agentes competitivos e que não se restringe apenas ao concorrente direto. Na realidade, todos os envolvidos diretamente no processo econômico são – em maior ou menor grau – agentes que produzem algum tipo de pressão competitiva. Concorrentes diretos, produtos substitutos, potenciais novos concorrentes, fornecedores e compradores também assumem algum papel na construção do ambiente competitivo, criando o que se denomina **competição estendida** (Ghemawat, 2000).

É a partir dessa complexa rede de interações que surge a ideia de recursos gerando vantagem competitiva. Se essa vantagem se refere a um posicionamento vantajoso em relação aos agentes da competição (Porter, 1989b), os recursos controlados por uma organização podem ser ativados para enfrentar as diferentes pressões competitivas. Para tanto, faz-se necessário cumprir duas tarefas:

1. compreender a estrutura competitiva de um setor, reconhecendo-se sua dinâmica com base nos diferentes interesses e nas capacidades de pressão dos agentes competitivos;

2. analisar o papel dos recursos disponíveis da organização em seu potencial competitivo, diante da estrutura previamente analisada.

De fato, especialmente com o advento da VBR, a maior parte dos trabalhos sobre vantagem competitiva passou a abordar as fontes geradoras dessa vantagem: a estratégia adotada por uma empresa para empregar seus recursos e capacidades a fim de gerar retornos acima do esperado pelos detentores desses recursos. Assim, podemos concluir que a vantagem competitiva é medida pela capacidade da organização de planejar e executar a estratégia de exploração dos recursos necessários para a competição (Barney; Hesterly, 2007). Em outras palavras, a análise da vantagem competitiva repousa sobre a análise do processo organizacional interno, especificamente na articulação dos recursos que a organização tem a capacidade de deter em certo momento.

No entanto, sabemos que qualquer corporação tem uma história, ou seja, sua capacidade de articular recursos é resultado de um processo, normalmente evolucionário, no qual a compreensão da forma como o caminho foi percorrido é fundamental para potencializar o desenvolvimento de seus recursos, bem como para ativar devidamente o processo de definição da estratégia que deverá resultar em vantagem competitiva. Assim, as empresas devem manter um olhar sobre sua trajetória pregressa para entender sua peculiar forma de ativar recursos, reconhecendo especialmente como têm conduzido o uso de recursos até o momento presente.

Esse processo interfere diretamente na escolha do recurso que receberá maior atenção. Isso porque, a depender do momento e da situação evolucionária da empresa, um recurso pode estar mais apto a gerar vantagem competitiva do que outros. Nesse sentido, o foco passa a residir nos recursos capazes de gerar margem, isto é, de gerar riqueza em proporção maior do que os custos da organização.

Um exemplo desse tipo de análise é o arranjo de recursos para a produção em escala, que gera a vantagem competitiva pelo custo menor que a média praticada pelos concorrentes (Porter, 1989b). Existe um conjunto de recursos estratégicos que permitem ganhos de escala, desde recursos materiais (equipamentos, fábricas, estoque de insumos etc.) até recursos intangíveis (*know-how*, *expertise*, dados históricos) e organizacionais (capacidade de organização da produção). Logo, a forma como tais recursos é articulada não depende somente da consciência de sua importância, mas também de toda a trajetória da empresa para chegar até esse arranjo produtivo.

Outro aspecto importante na concepção da VBR sobre vantagem competitiva é a caracterização do recurso como mecanismo competitivo. A esse respeito, como abordamos anteriormente, é importante frisar que, para serem fontes sustentáveis de vantagem competitiva, os recursos devem ser valiosos, raros, difíceis de imitar e de substituir. Por exemplo, considerando-se a questão dos recursos mencionados em uma produção em escala, o arranjo de recursos será uma fonte de vantagem competitiva não só porque gerará ganhos de escala (critério de valor), mas também porque servirá de barreira à imitação ou à substituição, uma vez que os concorrentes não conseguirão enfrentá-la por muito tempo (necessitarão de capital para montar uma estrutura de produção em escala e não terão *know-how* para organizar eficientemente um processo produtivo dessa forma). Além dos ganhos de escala, outras possíveis fontes de vantagem competitiva são as patentes de processos e produtos, a reputação da marca e a aprendizagem proveniente da experiência da organização.

Para ficar mais claro como a VBR pode ser potencializada na dinâmica de desenvolvimento da vantagem competitiva, recorremos ao modelo apresentado por Kretzer e Menezes (2006), que prescreve uma série de conceitos relacionados aos recursos associados a condições objetivas do cenário econômico da vantagem competitiva.

FIGURA 5.10 - Modelo de análise da vantagem competitiva da VBR

Barreiras de posição de recursos
Poder de monopólio-fornecedores
Poder de monopólio-concorrentes
Habilidades especializadas
Licenciamento de patentes
Know-how de fornecedores/
distribuidores/propaganda
Base de dados
Linhas de financiamento
P&D independente
Subsídios governamentais
Recursos substitutos
Incerteza/expectativa/sorte

Fontes potenciais de vantagem competitiva
Escala e escopo
Inovações de produto/processo/organizacional
Direitos de propriedade intelectual
Know-how
Localização
Experiência tecno-organizacional
Habilidades funcionais
Habilidades em inovação/qualificação/
serviços ao consumidor
Cultura organizacional
Tecnologia da informação
Tecnologia de manufatura
Contratos e licenças

Mecanismos de proteção
Proteção Legal:
Contrato concessão/licitação
Patentes de produto/processo
Marcas comerciais
Direitos autorais
Segredos comerciais
Projetos registrados
Proteção Deliberada:
Poder de monopsônio
Vantagem moverse primeiro
Vantagem seguir experiência
Economia de escala/escopo
Ativos complementares
Ativos coespecializados
Tamanho da planta/firma
Participação de mercado
Capacidade retaliatória

(continua)

(Figura 5.10 – conclusão)

Barreiras de acumulação de recursos
Conhecimento/aprendizagem
Habilidades específicas-firma
Feedbacks funcionais
Capacidades tecnológicas
Capacidades organizacionais
Capacidades de *marketing*/distribuição/serviços
Reputação marca/produto
Competências
Cultura organizacional
Relacionamentos estáveis

Barreiras à aquisição de recursos

Vantagem competitiva posicional
Vantagem de diferenciação
Vantagem de custo

Vantagem competitiva sustentável
Vantagem de diferenciação
Vantagem de custo

Mecanismos de proteção
Proteção Tácita:
Valores/honestidade/confiança
Conhecimento tácito
Reputação negócios/produtos
Rede pessoal/organizacional
Know-how dos empregados
Capacidades tecnológicas/organizacionais/culturais
Percepção/acerto de previsão de aceitação dos consumidores
Proteção Complexa:
Deseconomias de compressão de tempo
Eficiência da massa de ativos
Ambiguidade causal
Incerteza
Informação imperfeita

Barreiras à imitação de recursos

Fonte: Kretzer; Menezes, 2006, p. 79.

Como podemos observar na figura anterior, as fontes potenciais de vantagem competitiva que as organizações podem deter ou alcançar, segundo a perspectiva da VBR, correspondem às suas principais vantagens competitivas.

Além de os recursos representarem fontes de vantagem competitiva, é necessário que as empresas criem barreiras que protejam suas vantagens, ou seja, que consigam prevenir-se quanto às ameaças de concorrentes. Essas barreiras à imitação e à substituição devem ser construídas pela organização por meio da identificação dos recursos mais atraentes e das maneiras de protegê-los. Muitas vezes, a proteção dos recursos estratégicos ocorre mediante a adoção de outro recurso.

De acordo com Kretzer e Menezes (2006), existem dois grandes grupos de barreiras: de **posição de recursos** e de **acumulação de recursos**. Barreiras de posição de recursos são aquelas ligadas à propriedade dos recursos e às formas de aquisição deles. Ou seja, um recurso poderá ser protegido por uma empresa se ela apresentar uma posição estável e consolidada no mercado concorrente e, por meio de investimentos, conseguir deter exclusividade por mais tempo.

Como podemos perceber na Figura 5.10, as barreiras de posição de recursos estão associadas à capacidade de financiamento e de controle sobre os mercados fornecedores e concorrentes e, principalmente, ao desenvolvimento tecnológico. Por essa razão, é fundamental que a organização desenvolva sua capacidade tecnológica continuamente, a fim de conseguir manter o *status quo* de seus recursos como estratégicos e, por consequência, das vantagens competitivas alcançadas.

Ainda de acordo com os autores, outro componente importante da geração de vantagem competitiva são os mecanismos de proteção dos recursos (Kretzer; Menezes, 2006).

A combinação das fontes de vantagens competitivas com as barreiras de posição e os mecanismos de proteção dos recursos leva a empresa a alcançar vantagens competitivas, as quais são classificadas por Kretzer e Menezes (2006) como posicionais e sustentáveis. As **vantagens competitivas posicionais** são aquelas que definem substantivamente os recursos da organização e as formas exatas por meio das quais estes são obtidos. O foco está em clarificar fatores concretos que poderiam enfraquecer a vantagem competitiva alcançada. Nessa visão, os estoques de ativos de uma organização, tantos os tangíveis quanto os intangíveis, são a principal fonte de vantagem competitiva, desde que se enquadrem nas questões de valor, raridade e dificuldade de serem substituídos.

Além das vantagens competitivas posicionais, como citamos anteriormente, há também as **vantagens competitivas sustentáveis**, que são o grande objetivo das organizações, pois estão relacionadas à manutenção da competitividade no longo prazo. Para que uma vantagem competitiva posicional seja transformada em sustentável, é necessário atentar para um outro grupo, complementar, de barreiras à substituição de recursos.

Na Figura 5.10, é possível observar o quadro em que constam as barreiras, as quais apresentam características desenvolvidas mais por meio de processos do que de ações substantivas, como a aquisição. Nesse grupo, chamam atenção as questões de cultura organizacional e de *feedbacks* funcionais como elementos construídos de maneira evolucionária e que, por essa razão, são mais enraizados nas empresas, o que possibilita a manutenção de vantagens por um tempo maior.

Além das novas barreiras, há um grupo complementar de mecanismos de proteção. Esse novo grupo, que também pode ser observado na Figura 5.10, também está muito mais ligado à evolução da organização do que a mecanismos comprados. Aspectos como valores, reputação, confiança do mercado e conhecimentos tácitos são alguns desses mecanismos.

Assim, a empresa que alcança uma vantagem competitiva posicional, ao combinar os novos mecanismos de proteção e as novas barreiras focadas na acumulação de recursos, terá todas as possibilidades de fazer suas vantagens evoluírem para o nível das vantagens competitivas sustentáveis.

> **PARA SABER MAIS**
>
> A respeito da temática de competências, sugerimos a leitura do seguinte artigo:
>
> PIGNANELLI, A. **A logística e a visão baseada em recursos**. GVcelog – Centro de Excelência em Logística e Cadeias de Abastecimento – FGV – EAESP, 2014. Disponível em: <https://bibliotecadigital.fgv.br/dspace/bitstream/handle/10438/16444/artigo_-_visao_baseada_em_recursos.pdf?sequence=1&isAllowed=y>. Acesso em: 28 maio 2020.

Síntese

Tendo em vista o princípio fundamental da abordagem adotada neste livro, este capítulo explorou os elementos do conceito de competências essenciais e sua relação com a gestão estratégica. Para tanto, foi necessário recuperar as diferentes visões de competência, apresentando suas nuances e sua ligação com a geração de valor econômico para uma organização.

O ponto central nessa perspectiva é compreender como a abordagem de competências da estratégia fornece elementos conceituais e ferramentas de análise para se chegar a um caminho que leve à obtenção de uma vantagem competitiva sustentável. Realmente, a ideia de vantagem competitiva sob uma ótica analítica e "de fora para dentro" é considerada limitada, pois não garante a compreensão dos mecanismos que, de fato, estão sob o controle da organização, incluindo-se nesse raciocínio aqueles que a protegem da imitação.

É por esse motivo que a abordagem de competências da estratégia explora os diagnósticos interno e externo de capacidades complexas e dinâmicas para enfrentar o desafio da competitividade. É ingênuo da parte do gestor de uma empresa atuante em um setor competitivo não considerar que seus concorrentes, para maximizarem seus retornos, vão mobilizar-se com o mesmo vigor. E esse é o erro mais comum na prática da estratégia, pois se trata de uma visão estreita e estática sobre os arranjos competitivos. Manter um olhar mais diretivo para a relação entre competências essenciais e distintivas, bem como para produtos essenciais e para a dinâmica de transformação dos mercados e da sociedade em geral, é uma tarefa permanente da prática de gestão estratégica.

Por essa razão, na perspectiva das competências e dos recursos estratégicos, conforme destacam os idealizadores do modelo do *Balanced Scorecard* (BSC), na estratégia, mais importante do que decidir o que deve ser feito é saber o que não fazer (Kaplan; Norton, 1997). Na visão das competências da estratégia, podemos traduzir essa máxima pela ideia de que tão importante quanto identificar as competências essenciais em determinado setor é ter consciência do que não será possível desenvolver. Isso é fundamental quando se observa a concorrência, pois existe a tentação de imitar o que os concorrentes bem-sucedidos são competentes em fazer. No entanto, nem sempre isso funciona, já que, assim como as pessoas, as organizações são únicas, e umas são melhores do que outras em determinada competência. Sob essa ótica, a empresa precisa descobrir no que é (ou pode ser) boa e concentrar-se nisso.

Questões para revisão

1. Diferencie os principais tipos de competências encontradas nas empresas.

2. Quais são as características que um recurso deve ter, segundo a VBR, para que seja fonte de vantagem competitiva para a empresa?

3. (Cesgranrio – 2018 – Transpetro) A partir de uma perspectiva interna das empresas, a Visão Baseada em Recursos (VBR) consiste em uma abordagem da Estratégia Empresarial que reconhece a importância dos recursos relacionados

à empresa como fonte de vantagem competitiva. Torna-se importante, pois, o desenvolvimento e a efetiva gestão desses recursos, entendidos aqui como os ativos financeiros, físicos, humanos, tecnológicos e organizacionais utilizados para se gerar valor. Entretanto, para a efetiva gestão de tais recursos, é importante que se adotem critérios para destacar quais deles são mais valiosos sob o ponto de vista do posicionamento estratégico diferenciado.

Sob este aspecto, os recursos considerados valiosos devem ser:

a. abundantes, acessíveis e caros.

b. abundantes, inovadores e úteis.

c. apropriáveis, flexíveis e caros.

d. apropriáveis, inimitáveis e insubstituíveis.

e. disponíveis, inovadores e insubstituíveis.

4. (FGV – 2017 – Prefeitura de Salvador-BA) Com relação à Visão Baseada em Recursos (VBR), assinale V para a afirmativa verdadeira e F para a falsa.

( ) As estruturas baseadas em recursos tipicamente imitáveis caracterizam a Vantagem Competitiva da VBR na empresa.

( ) A fonte primária da Vantagem Competitiva na VBR é o conjunto de recursos e competências que administram.

( ) A VBR e a Teoria das Cinco Forças concordam ao adotar as competências essenciais como fonte de vantagem competitiva.

As afirmativas são, respectivamente,

a. F – V – F.

b. F – V – V.

c. V – F – F.

d. V – V – F.

e. V – F – V.

5. (Fafipa – 2017 – Fundação Araucária-PR) As core competences (ou competências essenciais) foram delineadas nos estudos pioneiros de Hamel e Prahalad (2001). Para os autores, deveria ocorrer a mudança de foco das unidades de negócio para as competências, permitindo, desse modo, que as empresas se transformassem em um verdadeiro portfólio dessas competências. No entanto, para serem consideradas core competences, elas deveriam, obrigatoriamente, obedecer a três condições: teriam que atribuir vantagem competitiva às empresas, gerar valor perceptível pelos clientes e serem difíceis de imitar pela concorrência.

Com base no texto apresentado acima, analise as empresas:

I. A Delatel exerce o controle dos seus funcionários quase que exclusivamente através de mecanismos burocráticos, por meio de procedimentos operacionais padronizados, regras, regulamentações e supervisão cerrada, com o objetivo de ganhos de produtividade com uma estrutura bem planejada de cargos e níveis hierárquicos.

Um de seus funcionários está interessado em participar de um programa de desenvolvimento gerencial sobre técnicas de liderança. Seu chefe argumenta que a liderança é fruto de qualidades inatas.

II. A Macrosul está promovendo uma verdadeira revolução no seu sistema de vendas, cuja arma principal é a tecnologia da informação. A equipe de vendas será extinta e os vinte melhores vendedores serão transformados em consultores de mercado. Eles não terão mais a obrigação de vender, mas sim de assessorar os clientes em todo o processo de compra e estocagem de eletrodomésticos e móveis. Estarão aptos, inclusive, a orientar os clientes quanto às quantidades ideais de compra para cada tipo de produto, nos diferentes períodos do ano.

Assinale a alternativa CORRETA.

a. Apenas a Delatel utiliza o conceito de core competence e gestão de competências.

b. Apenas a Macrosul utiliza o conceito de core competence e gestão de competências.

c. A Delatel e a Macrosul utilizam o conceito de core competence e gestão por competências.

d. A Delatel e a Macrosul não utilizam o conceito de core competence e gestão por competências.

Questões para reflexão

1. Um recurso como a patente de uma tecnologia utilizada na fabricação de um produto é considerado uma fonte de vantagem competitiva?

2. De acordo com o conteúdo estudado neste capítulo, reflita: Por que a Kodak não conseguiu manter-se no topo da indústria fotográfica mundial? Seus recursos principais eram fontes de vantagem competitiva?

capítulo 6

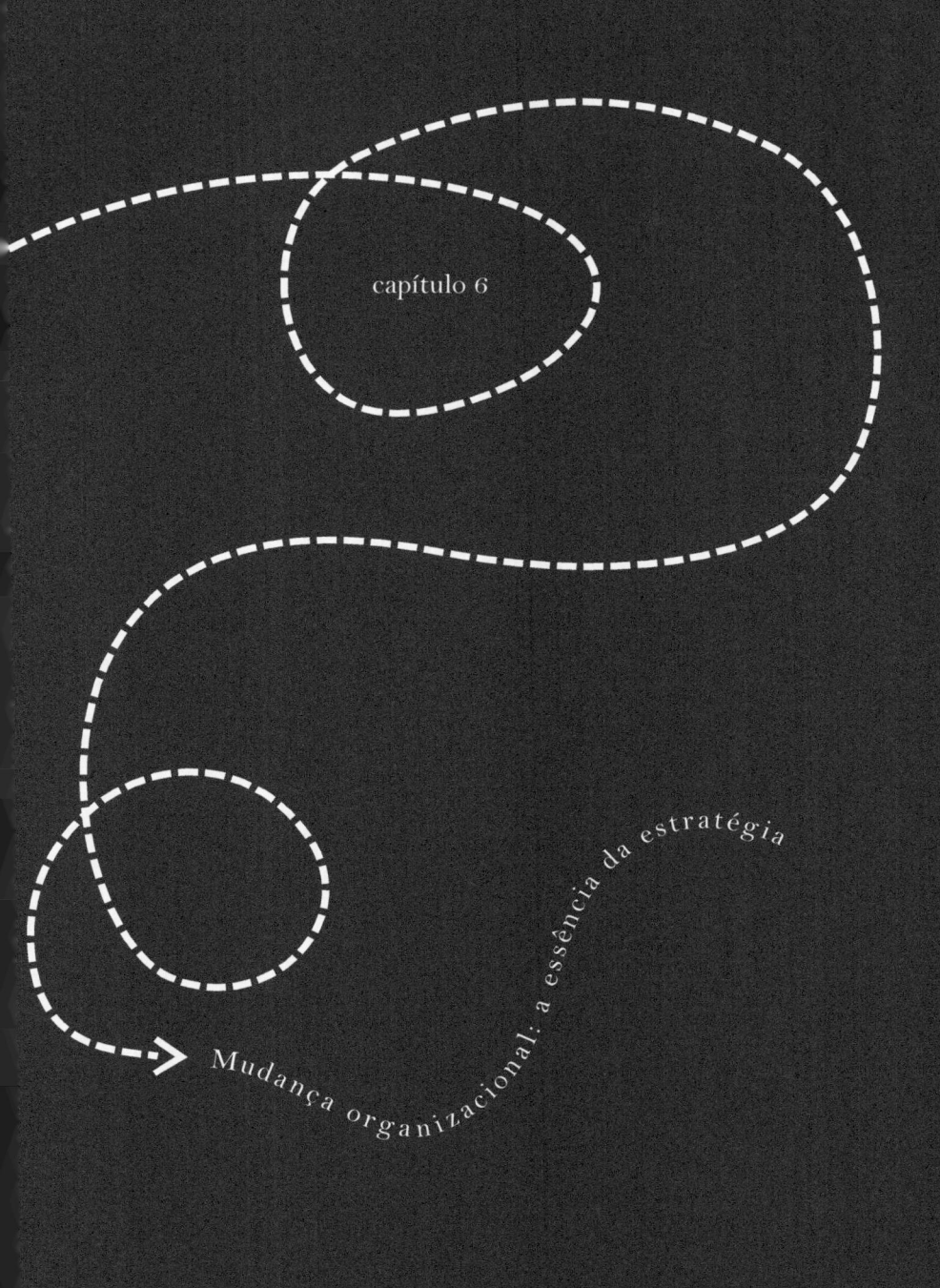

Mudança organizacional: a essência da estratégia

Conteúdos do capítulo:

- Mudança organizacional.
- Acompanhamento, avaliação e correção da estratégia.
- Resistência à mudança.
- Planejando a mudança.

Após o estudo desse capítulo, você será capaz de:

1. compreender os conceitos do processo de mudança organizacional;
2. planejar a mudança organizacional;
3. identificar elementos de resistência à mudança;
4. acompanhar, avaliar e corrigir o processo de mudança organizacional.

6.1

A estratégia como gestão para a mudança

Mudança organizacional é um tema que vem sendo largamente discutido nos dias atuais, tanto na esfera acadêmica quanto na empresarial (Oliveira; Oliveira; Lima, 2016). No ambiente empresarial, por ainda ser uma área em formação e de sistematização do conhecimento especializado, existem diversas perspectivas acerca dessa temática.

Na perspectiva adotada nesta obra, buscamos compreender o processo estratégico sob a ótica das mudanças que se impõem ao contexto organizacional (Vizeu; Gonçalves, 2010; Mariotto, 2003; Silva et al., 2017). Esse imperativo da mudança está especialmente associado às pressões competitivas, um importante fator da dinâmica do ambiente de negócios. Nessa visão, o mecanismo de competição que pode ser ativado pelas empresas se refere ao desenvolvimento de uma ação de amplo escopo para antecipar mudanças, de forma a desenvolver a capacidade de enfrentá-las melhor que os concorrentes de seu setor econômico (Porter, 2008). É assim que a estratégia envolvida na gestão da mudança consiste na compreensão e operacionalização das competências voltadas à competição das organizações. Nessa direção, esta é a primeira definição das competências essenciais ao campo da estratégia: as competências tornam a organização única e capaz de enfrentar as mudanças no cenário competitivo (Bonn, 2001).

Nessa lógica, o processo estratégico deve contemplar a identificação das *core competences* e das oportunidades geradas pelo ambiente para que seja possível desenvolver tais competências. Esse processo inicial de identificação é, muitas vezes, dificultado por uma espécie de aprisionamento mental à forma antiga de fazer negócios e competir (Mintzberg; Ahlstrand; Lampel, 2010; Pettigrew, 1987; Clegg; Carter; Kornberger, 2004). Isso porque, diante das mudanças no ambiente competitivo, as competências essenciais de importantes competidores podem deixar de ser tão poderosas no futuro para garantir a competitividade.

A fim de esclarecermos melhor essa ideia, vamos exemplificar: para uma empresa de telecomunicações que atuava no Brasil antes da era da internet, uma importante competência competitiva era sua capacidade de desenvolver uma rede física de telefonia para ter o maior número de linhas nas casas das pessoas. As receitas com os serviços eram altas, mas o custo de manutenção também; além disso, as exigências do governo, como contrapartida à concessão, tornavam esse custo ainda mais alto (como instalar uma quantidade de telefones públicos proporcional às linhas domésticas e comerciais). Quem fosse capaz de atender a essas operações de expansão e manutenção das redes físicas com maior eficiência teria maiores margens de contribuição.

Contudo, a internet mudou radicalmente essa lógica de competição. Com a tecnologia de comunicação mais barata e acessível a todos (por meio de PCs, *notebooks* e *smartphones*), as pessoas passaram a não usar mais o telefone convencional. As organizações que se mantiveram isoladas em suas atividades tradicionais começaram a ter grandes prejuízos; as que migraram para a internet não tinham a mesma capacidade que seus novos competidores para manter a eficiência operacional do novo negócio – por exemplo, em relação aos custos de desenvolvimento da tecnologia para reduzir os gastos com o serviço de internet ou à parceria com os fabricantes de computadores e celulares. É assim que uma mudança no setor pode provocar uma grande transformação nas forças competitivas. Nesse sentido, quem é mais capaz de competir pode deixar de o ser do dia para a noite.

Esse problema ilustra como o desenvolvimento das competências competitivas esbarra na dificuldade de enfrentar as mudanças que transformam os próprios arranjos competitivos de um setor. Isso porque existe uma natural tendência de **resistir às mudanças** (Silva et al., 2017). Por esse motivo, entende-se que o processo estratégico voltado à identificação e ao fortalecimento das *core competences* é impactado por esse viés de resistência, fato que nos induz a pensar a estratégia como um processo deliberado de facilitação para a mudança.

Dessa forma, propomos o seguinte questionamento: Deve-se "mudar por mudar" ou a mudança deve ser deliberada a partir da estratégia? Para respondermos a essa pergunta, vamos recorrer a uma situação proposta por Abrahamson (2006) logo no início de sua obra *Mudança organizacional: uma abordagem criativa, moderna e inovadora*. O autor apresenta a história de uma executiva de uma empresa do setor de telecomunicações, uma das líderes mundiais na fabricação de roteadores[*] para internet.

---

[*] Roteadores para internet são dispositivos tecnológicos que permitem o acesso à internet em casas e empresas. No Brasil, ficaram mais conhecidos como *modems*.

Essa executiva viu serem trocados seus superiores imediatos oito vezes em um período de apenas dois anos. Segundos os relatos, cada novo chefe tinha a própria iniciativa de mudança, o que fez com que o projeto em que a gestora estava envolvida fosse interrompido diversas vezes e, por consequência, nunca tivesse sido realmente implementado.

Assim como aconteceu nessa empresa gigante de tecnologia, problemas em gerir processos de mudança organizacional de forma integrada estão presentes nas mais variadas organizações. Muitas vezes, por não serem planejadas de maneira assertiva – ou mesmo por dificuldades de acompanhamento, avaliação ou correção das propostas –, as mudanças pelas quais as empresas passam em seu contexto organizacional as levam para uma situação de enorme dificuldade competitiva (Porter, 2008). Por conta disso, faz-se necessário desenvolver um processo sistemático de mudança, que, traduzido de forma simples, pode ser chamado de *estratégia*.

6.2 Estratégia e mudança

É fato que, em tempos de surgimento constante de novas tecnologias e transformações nos padrões culturais e de consumo da sociedade, a organização que não muda tende a ter dificuldades e, em muitos casos, fecha suas operações (Lima; Bressan, 2003).

Em alguns casos, a mudança pode emergir de um acaso: a empresa tem a sorte de estar situada no local correto e no momento certo e detém as competências necessárias para implementar novos projetos que atendem às demandas geradas pelas transformações do contexto (Clegg; Carter; Kornberger, 2004). Entretanto, mesmo nesses casos não planejados de desenvolvimento de estratégia, as empresas devem estar bem preparadas e conscientes das possibilidades de ação e de outras mudanças que poderão ser necessárias logo em seguida, tornando-se efetivamente capazes de agir corretamente nesses momentos.

Por outro lado, a mudança pode ser planejada. Para não produzir efeitos prejudiciais, ela deve ser antecipada por meio de planos e projetos intencionais, provenientes por completo – ou mesmo em parte – do planejamento estratégico da organização.

Isto é, o planejamento estratégico, seja empresarial, seja militar, seja de qualquer outra natureza, parte da análise que as organizações fazem das tendências nos ambientes externo e interno – as quais apontam para as mudanças. Depois de conhecê-las, o próximo passo, normalmente, é definir o plano que levará a organização ao futuro esperado. Alcançar esse futuro desejado pressupõe um amplo processo de adaptação e mudança organizacional.

Mas, afinal, como a mudança organizacional pode ser definida? Neste livro, assumimos que a mudança organizacional se refere ao processo de transformação, planejada ou não, de elementos das organizações – como estrutura, processos, cultura, práticas, pessoas e tecnologias – ou das ações entre as empresas e o ambiente externo. Tal processo acarreta consequências importantes, positivas ou negativas, para o desenvolvimento das atividades das corporações (Lima; Bressam, 2003; Mintzberg; Ahlstrand; Lampel, 2010).

Além disso, como já abordamos anteriormente, a mudança está intimamente ligada à estratégia da empresa, ou seja, se é inevitável que as organizações passem por mudanças, seus gestores devem dar absoluta atenção a esses processos em suas estratégias. Dessa forma, entendemos que a estratégia atua em um processo de mudança que ocorre em três fases principais, representadas na Figura 6.1.

FIGURA 6.1 - Processo de mudança organizacional

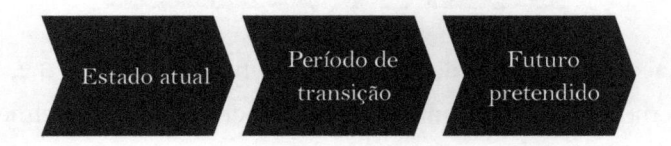

Estado atual → Período de transição → Futuro pretendido

As mudanças planejadas estão conectadas a objetivos estratégicos (futuro pretendido), os quais, por sua vez, requerem mudanças em áreas específicas da organização (período de transição), que só poderão ser realizadas se os ambientes internos e externos (estado atual) forem conhecidos (Mariotto, 2003). Sob essa ótica, a Figura 6.2 apresenta exemplos de objetivos estratégicos e áreas das organizações passíveis de mudança.

FIGURA 6.2 - Objetivos estratégicos × áreas das organizações

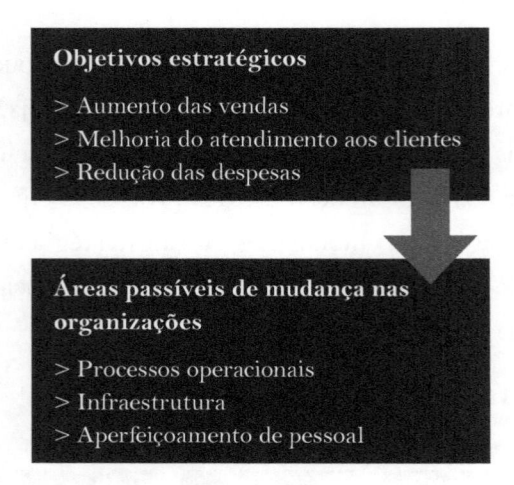

> **Objetivos estratégicos**
> \> Aumento das vendas
> \> Melhoria do atendimento aos clientes
> \> Redução das despesas

> **Áreas passíveis de mudança nas organizações**
> \> Processos operacionais
> \> Infraestrutura
> \> Aperfeiçoamento de pessoal

De acordo com as informações presentes na Figura 6.2, percebemos que, para o alcance dos objetivos, inevitavelmente, mudanças devem ocorrer em diversas áreas da empresa. Porém, como já apontamos, tais mudanças não poderão ser gerenciadas se o estado atual da organização e do ambiente que a cerca não for conhecido, bem como se não forem estimadas as tendências futuras do ambiente.

Com o desenvolvimento de teorias contemporâneas das organizações (como a dos sistemas, a da contingência e a da cultura organizacional), as diversas relações internas e externas vivenciadas pelas organizações se tornaram mais transparentes (Bauer, 1999). Essas relações, mesmo quando não objetivam uma mudança específica, desencadeiam mudanças na empresa só pelo fato de acontecerem.

Na prática, as ações estratégicas das organizações devem ter como principal objetivo a prevenção às mudanças negativas. Dito de outra forma, ao buscarem diminuir os efeitos dessas mudanças (externas e internas), as estratégias devem potencializar a capacidade de sobrevivência da organização. Na realidade, elas podem ir além e transformar tal condição de uma forma mais virtuosa, por meio da utilização da mudança para a transformação positiva da competitividade da própria organização. É assim que a estratégia organizacional deve ser capaz de monitorar continuamente esses ambientes em mudança, a fim de detectar possíveis ameaças e oportunidades competitivas para as organizações (De Wit; Meyer, 2004).

Nesse sentido, existem diversas ferramentas para promover uma análise estratégica do ambiente e das organizações, algumas das quais estão apresentadas a seguir.

Alguns modelos para a análise dos ambientes interno e externo

- Análise Pestel
- Prospecção de cenários
- Matriz BCG
- Matriz GE
- Análise das cinco forças de Porter
- Análise da cadeia de valor
- Análise dos recursos – VRIO
- Matriz SWOT

Não temos como propósito neste livro tratar de todos esses modelos, mas queremos destacar que toda essa diversidade diz respeito ao mesmo fundamento: a análise do contexto de mudança no qual a estratégia representará o plano de ação. Com base nesse pensamento, além da análise dos ambientes, a estratégia deverá contemplar as metas e os objetivos da organização, bem como as diretrizes de gestão da empresa, a fim de construir a estrutura organizacional necessária para alcançar seus objetivos. Assim, após a análise inicial dos ambientes das organizações, tem início o processo de elaboração e execução da estratégia, o qual se constitui de diversas atividades, como pode ser observado no Quadro 6.1.

QUADRO 6.1 - Atividades do processo de elaboração e execução da estratégia

Formulação da estratégia	Implementação da estratégia
Definição da missão e da visão da organização	Avaliação e monitoramento da organização e da estratégia
Definição das ações estratégicas de mudanças nas áreas funcionais	*Feedbacks* e ajustes

Tipicamente, grande parte dessas etapas do processo estratégico está ligada aos processos de mudança organizacional. Nesse sentido, ao definirem a missão e a visão de uma empresa, os dirigentes estão apontando para o futuro da organização, o que pressupõe um processo de mudança desejada, indo do estado atual da empresa para esse futuro pretendido.

O processo seguinte, de definição das ações estratégicas de mudanças, é em si mesmo um processo de mudança organizacional, visto que, ao pensar as maneiras possíveis de alcançar os objetivos, a própria organização já terá mudado, pois terá descoberto algumas fragilidades e oportunidades ou ameaças do ambiente e não agirá mais sem considerar essas novas informações (Vizeu; Gonçalves, 2010).

Além disso, os processos de implementação, avaliação e monitoramento da estratégia estão vinculados ao processo de mudança, pois, como as próprias denominações indicam, eles têm conexão direta com os objetivos estratégicos, os quais, como já mencionamos, buscam mudar as organizações para que elas alcancem os estados futuros desejados.

No entanto, antes de nos aprofundarmos nos processos de planejamento, implementação e acompanhamento da mudança, devemos tratar das forças que incentivam a mudança nas organizações e dos mecanismos de resistência a ela, já que a resistência pode se manifestar desde as análises iniciais até o controle estratégico, o qual é realizado após a execução de diversas ações.

6.3
Forças para a mudança

A mudança pode ocorrer por diversas hipóteses. Muitas vezes, as organizações descobrem uma nova competência e passam a utilizá-la. Em outros casos, um grande concorrente abre as portas na região de atuação de uma empresa e, então, faz-se necessário que esta se transforme para enfrentar tal desafio. Esses diversos elementos que levam as organizações a se transformarem são chamados de *forças para a mudança*.

Segundo Robbins, Judge e Sobral (2010), são seis as principais forças que originam a mudança: mão de obra; tecnologia; aspectos econômicos; competição; aspectos sociais; e políticas internacionais, sendo que esta última pode ser dividida em duas – aspectos políticos e aspectos internacionais. A primeira destas diz respeito às questões políticas nacionais consideradas de extrema relevância para o processo de mudança organizacional. Já a segunda se refere às questões geopolíticas das relações internacionais entre países e blocos econômicos que afetam direta ou indiretamente o contexto local.

A seguir, no Quadro 6.2, apresentamos alguns exemplos vinculados a essas forças e que levam à necessidade de mudança nas organizações.

QUADRO 6.2 - Exemplos de forças para a mudança

Forças	Exemplos
Mão de obra	• Alteração na expectativa de vida da população • Processos imigratórios de grande escala
Tecnologia	• Aperfeiçoamento da robótica • Desenvolvimento da computação em nuvem • Expansão das redes sociais
Aspectos econômicos	• Crises financeiras mundiais • Programas de financiamento governamentais • Mudança nas taxas de juros
Competição	• Movimentos de grandes fusões • Abertura para a entrada de concorrentes estrangeiros

(continua)

(Quadro 6.2 – conclusão)

Forças	Exemplos
Aspectos sociais	• Mudanças no comportamento do consumidor • Alteração na expectativa de vida da população
Aspectos políticos	• Escândalos de corrupção nacionais • Acordos comerciais internacionais • Mudança na legislação tributária nacional
Aspectos internacionais	• Acordos comerciais internacionais • Embargos econômicos internacionais

É inegável que as forças que se estabelecem em um contexto organizacional, tanto as positivas (como o surgimento de programas de financiamento governamentais) quanto as negativas (como crises financeiras mundiais), pressionam as organizações a mudar. Sob essa ótica, consideramos que tais mudanças podem ser positivas ou negativas quando apresentam um potencial de mobilizar a organização para uma situação pior ou melhor.

Mas o fato é que, se a mudança é inevitável, o melhor caminho para qualquer organização é buscar gerenciar o processo que a envolve. Se a força se apresenta como negativa – uma ameaça –, pode ter um efeito desastroso ou apenas gerar um baixo comprometimento para a organização, a depender de como será o planejamento das ações para essa mudança. Por outro lado, uma tendência ou um acontecimento futuro positivo – uma oportunidade – podem ser aproveitados de uma forma melhor ou pior a depender da maneira como a empresa se preparará para enfrentá-los.

Na sequência deste capítulo, apresentaremos elementos para que essa gestão aconteça de forma positiva. Porém, antes disso, abordaremos outro processo relevante ao tema: a resistência à mudança por parte dos atores envolvidos.

6.4 Resistência à mudança

Inúmeras vezes, os processos de transformação social sofrem alguma forma de resistência no momento em que são executados ou mesmo quando são anunciados. Como exemplo, pense em alguma pessoa que você conhece que relutou em aderir ao uso das diversas funções dos celulares de última geração, como serviços bancários, compras *on-line* ou, até mesmo, ações triviais, como chamadas em vídeo.

Se simples mudanças no âmbito individual já geram algum desconforto para que sejam executadas, é possível imaginar o peso da resistência que as mudanças sofrem nas organizações. A esse respeito, diversas são as causas que levam os membros de uma organização e seus *stakeholders* a sequer quererem ouvir falar em mudança.

"Tampar os ouvidos" (isto é, ignorar a necessidade de mudança) é uma boa imagem que ilustra uma forma de resistência, bem como outras ações não tão críticas, como reclamações ou o desejo pelo insucesso dos novos projetos. A resistência também se estabelece por meio de atitudes severas, a exemplo de boicotes com graves prejuízos e de outras ações deliberadas para que o novo não se estabeleça na organização. Por essa razão, antes de explorarmos as ações de resistência, é necessário descrevermos algumas de suas possíveis causas.

Diversas são as causas da resistência à mudança, como pode ser observado no boxe a seguir. Algumas delas têm origem em experiências individuais dos colaboradores, externas às organizações que os empregam (Robbins; Judge; Sobral, 2010). Outras, todavia, estão enraizadas em experiências anteriores não tão bem-sucedidas do ponto de vista do indivíduo ou grupo resistente.

> **Principais causas da resistência à mudança**
> - Desconfiança quanto à capacidade do gestor que executará a mudança
> - Atividades enraizadas na organização
> - Receio da perda de *status* na nova configuração
> - Receio dos resultados em virtude de experiências anteriores
> - Desconfiança quanto à própria capacidade do novo modelo

Fonte: Elaborado com base em Robbins; Judge; Sobral, 2010.

A **desconfiança quanto à capacidade do gestor que executará a mudança** está relacionada à insegurança dos membros de uma organização no que concerne à capacidade do gestor de gerenciar o processo de mudança. Por exemplo, se um plano de implantação de um novo *software* de gestão de relacionamento com os clientes estiver nas mãos de um gestor em cuja capacidade de execução dessa tarefa seus subordinados não confiam, possivelmente eles buscarão dissolver a ideia de implantação de tal ferramenta.

Por sua vez, com relação à resistência manifestada em resposta às **atividades enraizadas na organização**, entendemos que algumas pessoas revelam certa dificuldade de se opor à rotina cristalizada na cultura organizacional. Muitas vezes, são percebidos movimentos de resistência de funcionários que sentem medo de ficar obsoletos na estrutura da empresa, pelo fato de ainda não terem as competências necessárias a um possível novo modelo de trabalho, por exemplo.

Nesse sentido, podemos estabelecer um paralelo com alguns aspectos particulares dos indivíduos. Pense em quantas vezes já não deve ter reclamado quando precisou substituir um aparelho eletrônico, como um celular ou mesmo o controle remoto de um aparelho de televisão. Esse fenômeno é chamado de *aprisionamento tecnológico*. Nas organizações, também há uma espécie de aprisionamento, não somente tecnológico, mas em relação a qualquer atividade diferente. Os colaboradores, muitas vezes, buscarão manter o *status quo* por simples comodidade.

Além disso, existe o problema advindo do **receio da perda de status na nova configuração**, que diz respeito a um temor concreto de se tornar irrelevante no novo modelo oriundo da mudança. Esse movimento de resistência se manifesta especialmente nos casos de implantação de novas ferramentas que substituem a mão de obra humana e ocorre tanto por parte dos colaboradores que serão substituídos diretamente pelo equipamento quanto por iniciativa de outros *stakeholders* que deixarão de ter o *status* anterior.

Por exemplo, quando se implanta um equipamento que substitui diversos operários, o supervisor dos operários substituídos terá seu cargo de supervisor ameaçado, visto que, a partir desse movimento, um responsável pelo equipamento cuidará do processo. Dessa forma, a ameaça ao *status* hierárquico na organização poderá levar muitos colaboradores a boicotar a implantação desse equipamento, às vezes até mesmo com o apoio velado de seu superior.

Já o **receio dos resultados em virtude de experiências anteriores** surge em organizações que já passaram por outros processos de transformação que geraram experiências negativas para os colaboradores, as quais podem ter originado efeitos diretamente relacionados aos funcionários que vão envolver-se com a nova mudança, como o aumento das metas ou a necessidade de aperfeiçoamento forçado. Também podem existir consequências indiretas, a exemplo de casos nos quais há demissões em outros setores que são percebidas pelos colaboradores como uma possível consequência do processo de mudança.

Por fim, a **desconfiança quanto à própria capacidade no novo modelo** se refere à insegurança do colaborador em relação à sua própria percepção sobre ter ou não as competências necessárias para se manter empregado no novo modelo. Um bom exemplo desse caso diz respeito às mudanças advindas de aquisições realizadas por empresas internacionais, que geram desconfiança nos colaboradores quanto à necessidade de dominar a língua da organização que promoveu a compra. Algo semelhante ocorre quando há a implantação de um equipamento, tendo em vista que isso pode gerar desconforto nos funcionários quanto à capacidade ou não de operar essa nova tecnologia.

Enfim, a resistência à mudança é um fato relevante nas organizações, e qualquer empresa que busca mudar deve ter consciência desse fenômeno. Como deixar de mudar não é mais uma opção para a maioria das organizações – já que os processos de mudança são inevitáveis –, deve-se buscar gerir de maneira assertiva as possíveis manifestações de resistência. Para tanto, partindo-se do planejamento da mudança até os processos de controle, é preciso identificar e traçar medidas para os casos de resistência que serão enfrentados.

6.5
Gestão da mudança: planejamento, implementação e processos de controle

A gestão da mudança envolve duas principais fases: o **planejamento**, que abrange o diagnóstico e o desenvolvimento das estratégias para o alcance dos objetivos relacionados à mudança pretendida, e a **execução**, na qual as principais etapas são a implementação da mudança, o acompanhamento, a avaliação e a correção. Nesta última etapa, podem-se adotar ainda alguns princípios da perspectiva de projetos, que consiste na adoção de elementos da gestão de projetos para a etapa de implementação da mudança (Abrahamson, 2006).

Planejamento

Os planos são os documentos elaborados após o ato de planejar o processo de mudança. São muitas as etapas do planejamento que devem ter suas informações apresentadas no plano de mudança. Tais etapas, indicadas na Figura 6.3, ocorrem de maneira sequencial e visam monitorar os ambientes que envolvem a organização, abrangendo seus problemas, a elaboração de estratégias e a implementação destas.

FIGURA 6.3 - Etapas do planejamento da mudança

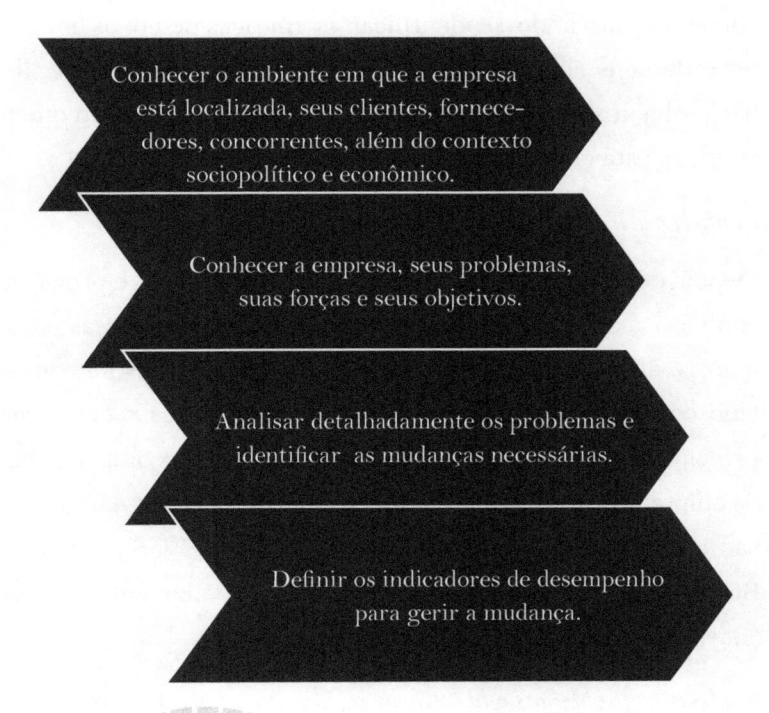

- Conhecer o ambiente em que a empresa está localizada, seus clientes, fornecedores, concorrentes, além do contexto sociopolítico e econômico.
- Conhecer a empresa, seus problemas, suas forças e seus objetivos.
- Analisar detalhadamente os problemas e identificar as mudanças necessárias.
- Definir os indicadores de desempenho para gerir a mudança.

Nas subseções a seguir, comentaremos cada uma dessas etapas, explicando brevemente a que cada uma se refere.

Conhecer o ambiente em que a empresa está localizada

A primeira etapa do planejamento se refere ao conhecimento acerca do ambiente em que se localiza a empresa, considerando-se seus clientes, fornecedores, concorrentes, além do contexto sociopolítico e econômico. Existem diversas abordagens e ferramentas que as organizações podem utilizar nessa etapa, como a análise de riscos Pestel ou as cinco forças de Porter (Certo; Peter, 1993; Fernandes; Berton, 2012). Esta última, aliás, vem sendo uma das mais empregadas nas últimas quatro décadas. Por meio dela, é possível analisar a rivalidade entre os concorrentes, buscando-se identificar as ameaças de novos entrantes e de bens substitutos no mercado, bem como o poder de barganha dos clientes e dos fornecedores no cenário em que a empresa está envolvida.

Conhecer a si própria

Depois de monitorar o ambiente, a organização deve procurar conhecer a si própria, isto é, seus problemas, suas forças e fraquezas, além, claro, de seus objetivos. Esse processo é conhecido como *análise interna da organização* e busca reconhecer, principalmente, os recursos, as capacidades e as competências da empresa. Algumas das ferramentas utilizadas nesse processo são a análise dos fatores críticos de sucesso (FCS), a matriz BCG, o modelo VRIO, a análise da cadeia de valor, entre outras (Barney; Hesterly, 2007).

Analisar os problemas e identificar as mudanças necessárias

Ao finalizar as etapas anteriores, torna-se possível analisar detalhadamente os problemas e identificar as mudanças necessárias. As investigações dos problemas que envolvem as organizações devem levar em conta a existência de duas perspectivas importantes: i) a dos indivíduos envolvidos; e ii) a da organização como um todo. Tais análises são importantes porque, para executar o controle das ações, deve haver indicadores tanto para a organização quanto para os indivíduos.

Na sequência, é fundamental desvendar como essas mudanças estarão ligadas aos objetivos estratégicos da organização; portanto, é necessário que elas contemplem a organização como um todo. Porém, muitas das mudanças organizacionais passam por modificações que abrangem os atores envolvidos no processo, os quais deverão também sofrer mudanças individuais, a serem contempladas no plano da mudança organizacional.

Na perspectiva das organizações, os processos de acompanhamento, avaliação e correção se vinculam à esfera macro – que diz respeito à toda a organização. Nesse escopo, podemos citar indicadores de desempenho que permitam visualizar o funcionamento da organização durante o processo de mudança, comparando os períodos anteriores com os efeitos alcançados. Nessa perspectiva, busca-se analisar a organização considerando cada aspecto. Por exemplo, tendo em vista a possibilidade de resistência à mudança, é preciso perceber qual é o nível médio dessa resistência, a fim de compreender como tal fenômeno se relaciona com a mudança na organização.

Por outro lado, para uma gestão da mudança mais efetiva, deve-se observar a perspectiva individual na organização, em que elementos como os objetivos pessoais dos colaboradores, seus conhecimentos prévios, os entendimentos acerca do projeto de mudança, entre outros, também sejam levados em conta. Sob essa ótica, na intenção de alcançar os objetivos organizacionais, muitas vezes é necessário desenvolver um olhar crítico para as ações micro. Como exemplo, podemos destacar que, para diminuir a resistência dos colaboradores à mudança, pode-se atuar de maneira individual, a fim de identificar as causas e as necessidades de cada um; assim, após esse diagnóstico, torna-se possível atender aos anseios destes.

Ainda considerando o escopo da mudança, podemos identificar outras diferentes dimensões de análise. De acordo com Luecke (2003), existem quatro categorias principais de mudanças organizacionais: mudanças estruturais, mudanças tecnológicas, mudanças em produtos/serviços e mudanças individuais. Como pode ser visualizado no Quadro 6.3, essas categorias compreendem diversas mudanças específicas.

QUADRO 6.3 - Tipos de mudanças organizacionais

Mudanças estruturais	• Nova estruturação hierárquica • Eliminação de atividades ou de setores ineficientes • Fusões ou aquisições
Mudanças tecnológicas	• Adoção de novas ferramentas de trabalho • Adoção de modelos diferentes de produção
Mudanças em produtos/ serviços	• Transformações nos produtos ou serviços ofertados • Descontinuação de um produto tradicional • Lançamento de serviços agregados

(continua)

(Quadro 6.3 – conclusão)

Mudanças nos indivíduos	• Adoção de práticas que afetam a cultura da empresa e, por consequência, seus colaboradores • Novos conhecimentos aos colaboradores • Mudança do foco em produtos para o foco no serviço prestado pelos colaboradores

As **mudanças estruturais** estão pautadas na visão das organizações como conjuntos de áreas funcionais, a exemplo de finanças, logística, produção, *marketing*, entre outras, as quais gerenciam as organizações com os mais variáveis modelos quanto a aspectos como número de filiais, número de plantas fabris e estratégias. Nessa esfera, as mudanças dizem respeito a decisões que transformam as áreas funcionais e o modelo da organização. Esse tipo de mudança é muito comum em fusões entre empresas, aquisições, fechamentos de unidade ou mesmo em uma decisão que resulte em mais poder a uma determinada área funcional da organização.

Já as **mudanças tecnológicas** se referem às transformações nos processos da organização desencadeadas pela adoção de novas tecnologias. Para esse modelo, tecnologias são artefatos ou técnicas produtivas que transformam as operações de uma organização. São exemplos de mudanças ocasionadas por adoção de novas tecnologias a implantação de um canal de vendas por meio do comércio eletrônico e a automatização de uma etapa da produção pela aquisição de equipamentos robóticos.

Por sua vez, as **mudanças em produtos/serviços**, como o nome sugere, implicam transformações, lançamentos ou descontinuação de produtos e serviços. Por exemplo, quando uma grande indústria de fotocopiadoras, em sua operação, passa a dar ênfase ao serviço agregado de fotocópias, manutenção e venda de insumos, ela está transformando consideravelmente seu negócio. O mesmo ocorre quando uma rede de restaurantes lança um novo modelo de negócio baseado em franquias, uma universidade promove uma nova modalidade de ensino ou uma indústria decide encerrar a produção de um equipamento. Todos esses são bons exemplos de transformações em produtos ou serviços.

Por fim, as **mudanças nos indivíduos** estão ligadas ao conhecimento e à cultura dos colaboradores da organização. A adoção de um modelo gerencial que impacta diretamente as pessoas, como a transformação de uma hierarquia rígida para uma organização participativa dos colaboradores, requer um grande processo de planejamento da mudança nos funcionários, em relação tanto a conhecimentos específicos quanto a elementos culturais, para que ocorra com sucesso. Igualmente, quando uma organização passa a focar o serviço agregado em detrimento dos produtos que oferece, também se fazem necessárias grandes mudanças relacionadas aos colaboradores.

Cabe ressaltar que as transformações nos indivíduos estão intimamente conectadas às demais transformações. Normalmente, quando alguma transformação hierárquica, tecnológica ou em um produto/serviço ocorre, direta ou indiretamente, surge também a necessidade de promover uma mudança nos indivíduos.

Definir os indicadores de desempenho para gerir a mudança

Depois de analisar os problemas da organização e identificar as mudanças necessárias, devem-se definir os indicadores de desempenho para gerir a mudança, com o objetivo de facilitar o acompanhamento, a avaliação e a correção do processo. É fundamental que tais indicadores sejam facilmente compreendidos pelos usuários, tenham métricas bem definidas e métodos de monitoramento que possibilitem a avaliação posterior.

Nesse sentido, um indicador fácil de ser compreendido deve apresentar uma utilidade clara e permitir que os colaboradores envolvidos entendam como ele será monitorado. Porém, isso nem sempre é possível. Cabe ressaltar aqui a importância de o planejamento prever ações que tornem o indicador compreensível para todos os envolvidos – por exemplo, por meio de treinamentos.

Sob essa ótica, uma **métrica** pode ser definida como uma informação extraída da comparação entre dados referentes a um fenômeno e outro dado mais amplo. Assim, reconhecer que uma empresa produz dez unidades com defeitos de seu produto principal não é uma métrica. Para obter uma boa métrica, deve-se proceder a uma comparação que envolva outra esfera mais ampla – por exemplo, a produção total de um produto em determinado período. Logo, nesse caso, observamos dois exemplos de métrica: a organização produz dez unidades com defeito a cada cem unidades ou produz dez unidades com defeito a cada hora de trabalho. Com base em métricas como essas, torna-se possível planejar ações que busquem otimizar o processo produtivo na intenção de diminuir a quantidade de produtos com defeitos.

Por fim, um indicador só será efetivo se os dados necessários para monitorar as métricas forem possíveis de serem coletados, seja por meio de observação de empregados, seja mediante sistemas de informações gerenciais. Com a definição das mudanças pretendidas e o estabelecimento dos indicadores de desempenho demandados, a empresa estará apta a implementar o processo de mudança.

Implementação das mudanças

Entre as etapas relacionadas à gestão da mudança, a implementação ganhou uma atenção especial nas últimas décadas. Essa fase pode ser executada de diversas maneiras. Por exemplo, considerando-se o cronograma, o orçamento e os indicadores para cada área, pode-se definir como cada uma dessas áreas será responsável pelo gerenciamento do próprio processo. Esse é um modelo bastante adotado por conta da diminuição à resistência à mudança, visto que as decisões e o acompanhamento são feitos, normalmente, por um membro da própria área.

Por outro lado, tal modelo dificulta a comunicação entre as áreas da organização e o acompanhamento do processo de mudança como um todo, principalmente quando esta impacta áreas distintas da organização. Como solução para essas dificuldades, as empresas passaram a incorporar princípios da gestão de projetos para a implementação e o controle dos processos de mudança organizacional.

A seguir, apresentaremos elementos extraídos da gestão de projetos que colaboram com o processo de implementação da mudança de maneira a integrar todas as áreas envolvidas e otimizar o acompanhamento do escopo definido, do orçamento e do cronograma do processo.

Princípios da gestão de projetos para a gestão da mudança

A mudança organizacional gerida como um projeto ocorre nos casos em que a organização escolhe o caminho da mudança, e não quando esta acontece de maneira inesperada. Partindo da ideia difundida até este ponto – a de que as organizações devem gerir ativamente seus processos de mudança –, podemos entender que a utilização de uma metodologia consolidada de gestão se mostra bastante oportuna. Nesse aspecto, a implementação do processo de mudança por meio de técnicas da gestão de projetos se revela cada vez mais uma escolha assertiva.

Assim, no que concerne à gestão da mudança organizacional, quatro elementos da metodologia da gestão de projetos se mostram proveitosos: i) definição do escopo; ii) definição do orçamento; iii) definição do cronograma; e iv) gestão das contingências. Cabe ressaltar que a gestão de projetos como vertente teórica é uma área muito ampla e que contempla diversos outros aspectos que não poderemos abordar nesta obra, pelo fato de não corresponderem ao nosso enfoque.

Por fim, devemos destacar que, embora essa vertente busque utilizar os elementos da gestão de projetos no processo de implementação da mudança, tal processo está completamente atrelado à etapa de planejamento, uma vez que é nessa fase que o escopo, o orçamento e o cronograma devem ser definidos.

Escopo

O escopo do projeto se refere ao mapa ou desenho em que deve ser definido o estado futuro desejado, ou seja, o ambiente da organização que sofrerá a modificação. O documento do escopo compreende alguns elementos, os quais estão indicados a seguir:

> **Elementos do escopo**
> - Objetivo do projeto
> - Objetivos e indicadores de desempenho
> - Etapas do projeto
> - Ações para a entrega das etapas do projeto

Com as informações descritas no escopo, todos os colaboradores terão condições de executar suas atividades a fim de atingir o objetivo do projeto de mudança. Tais informações servirão de base para os processos de acompanhamento, avaliação e correção do processo.

Orçamento

Outro elemento importante extraído da gestão de projetos para o processo de mudança organizacional é o orçamento, que diz respeito aos gastos durante todo o processo. Aqui vale a pena ressaltar que, segundo Otley (1999), orçar não consiste somente em anotar os gastos realizados; trata-se de prever todas as despesas futuras do projeto, com o objetivo de melhor avaliar a viabilidade e a eficiência deste.

Sob essa ótica, o orçamento deve prever a fonte do dinheiro envolvido, seja interna, seja externa à organização, bem como os custos de cada ação, além de permitir às etapas seguintes o acompanhamento e o controle do desenvolvimento do projeto.

Cronograma

O cronograma deve incluir as informações referentes ao tempo de execução do projeto. Por meio dele, faz-se o desdobramento das etapas do projeto e define-se a duração de cada uma delas. Além disso, ele prevê a ordem cronológica sequencial das etapas.

Assim, o cronograma está ligado aos recursos necessários à cada etapa, já que permite a gestão da disponibilidade dos materiais e das pessoas necessários a cada etapa no momento correto. Por possibilitar antever o momento de demanda dos recursos, o planejamento do cronograma está diretamente associado ao orçamento.

Nesse sentido, além de prever custos e prazos, é muito importante que o cronograma facilite a visualização dos planos pelos usuários. Para tanto, uma ferramenta bastante utilizada em gestão de projetos é o gráfico de Gantt (Gráfico 6.1). Por meio dele, o usuário consegue identificar todas as etapas a serem desenvolvidas, bem como saber quais são as datas previstas de início e fim e se determinada etapa exige o término da anterior para se iniciar ou não.

GRÁFICO 6.1 - Exemplo ilustrativo de um gráfico de Gantt

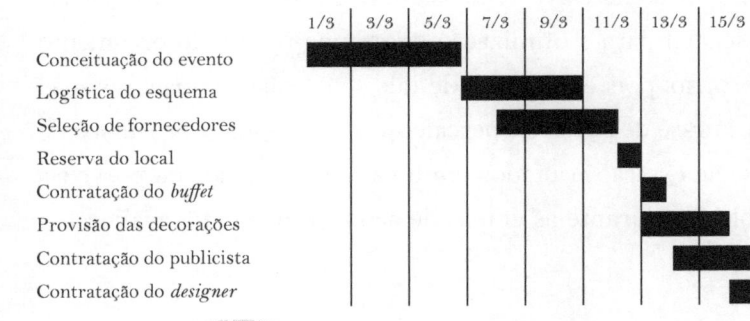

	1/3	3/3	5/3	7/3	9/3	11/3	13/3	15/3	17/3
Conceituação do evento	■■■■	■■■■							
Logística do esquema				■■■■					
Seleção de fornecedores				■■■■	■■■■				
Reserva do local						■■			
Contratação do *buffet*						■■■■			
Provisão das decorações							■■■■		
Contratação do publicista								■■■■	
Contratação do *designer*									■■■■

Apesar de ter sido desenvolvido muito antes da emergência da abordagem de estratégia, o gráfico de Gantt ilustra como é possível operacionalizar o acompanhamento de processos e atividades de forma clara e objetiva. Ele traduz graficamente o dimensionamento de atividades no tempo e de forma intercalada, o que permite tanto ao gestor quanto ao executor do processo de mudança obter melhor consistência no controle.

Gestão das contingências

Na perspectiva deste livro, as contingências dizem respeito a problemas, riscos e desafios enfrentados ao longo da implementação do projeto; dessa forma, ter consciência dos possíveis riscos é essencial para poder geri-lo melhor.

Já com relação à gestão da mudança, deve-se buscar prever possíveis alterações durante o processo. Por exemplo, uma organização que decide implantar um novo *software* de gestão poderá enfrentar grande resistência dos usuários; em outro cenário, um projeto de construção de uma nova unidade de negócios poderá fazer emergir intempéries que afetem o cronograma ou mesmo, causem gastos extras.

Exemplos como esses evidenciam que prever as contingências é essencial para a otimização do cronograma e do orçamento do projeto, pois é por meio de tais ações que se torna possível prevenir-se de possíveis percalços. Além disso, os processos de controle estarão pautados em uma noção melhor de possíveis problemas durante as etapas de acompanhamento, avaliação e correção.

Processos de controle

Outra esfera importante referente à gestão da mudança organizacional se vincula aos processos de controle. As ações relativas a esse processo visam verificar se as etapas estão sendo executadas de acordo com as expectativas do planejamento anterior, bem como corrigir as ações equivocadas, a fim de manter a organização no caminho da mudança pretendida. Os principais processos de controle são o acompanhamento, a avaliação e a correção.

O acompanhamento do processo de mudança compreende a definição dos responsáveis pela atividade de verificar o andamento do processo, as maneiras como eles conseguirão monitorar as atividades, além dos relatórios gerados, a partir dos quais se pode executar a avaliação.

A avaliação dos processos difere do acompanhamento porque compara os relatórios da fase anterior aos indicadores de desempenho definidos anteriormente e às metas neles contidas. Assim, se a etapa anterior tinha a função de catalogar os resultados do processo, a avaliação tem o objetivo de analisar se tais resultados estão de acordo com o planejado.

Uma avaliação pode ser qualitativa (por exemplo, por meio da interpretação dos gestores) ou quantitativa (por exemplo, pela confrontação de dados estatísticos). Independentemente de sua natureza, ela permitirá identificar possíveis dificuldades no processo, o que demandará ações de correção.

Por fim, a etapa da **correção** compreende a utilização das informações recolhidas nas etapas anteriores com o objetivo de corrigir os problemas ou as dificuldades encontradas, as quais demandarão um rápido replanejamento da área cujo desempenho não está satisfatório. Após a execução desse novo planejamento, parte-se novamente para o processo de implementação e avaliação, até que se alcancem os resultados desejados.

Com todo o conteúdo exposto neste capítulo, certamente você deve ter compreendido a complexidade de um processo de mudança organizacional, abordagem que implica duas esferas distintas: uma de cunho mais teórico, que envolve o planejamento estratégico, e outra mais prática, que busca facilitar a gestão da estratégia de mudança. Nosso objetivo foi demonstrar que a estratégia, seu planejamento e sua aplicação são, *per se*, processos de mudança. Portanto, a mudança organizacional é um elemento transversal a todo processo estratégico.

Para saber mais

Para aprofundar seus conhecimentos a respeito da temática relacionada à mudança organizacional, sugerimos a seguinte leitura:

BRESSAN, C. L. Mudança organizacional: uma visão gerencial. In: SEMINÁRIO DE GESTÃO DE NEGÓCIOS, 1., 2004, Curitiba. **Anais**... Curitiba: FAE, 2004. Disponível em: <https://edisciplinas.usp.br/pluginfile.php/263586/mod_folder/content/0/Mudan%C3%A7a%20Organizacional.pdf?forcedownload=1>. Acesso em: 28 maio 2020.

Síntese

A mudança organizacional faz parte da realidade de todas as organizações. Contudo, em um livro dedicado à gestão estratégica, essa premissa se torna ainda mais relevante, tendo em vista que a criação da estratégia e sua implementação perfazem o caminho mais seguro para se adaptar às mudanças inevitáveis.

Uma ideia fundamental acerca da relação entre o contexto de mudança e a estratégia organizacional é saber se, nesse processo, é preciso reagir às mudanças ou criá-las. Considerando que a prática de gestão é um processo analítico e racional, podemos afirmar que ambas as opções (reação ou criação) ocorrem na gestão estratégica voltada à mudança. Ou seja, há certa inevitabilidade na mudança imposta pelo contexto organizacional – trata-se da dinâmica do ambiente, que é cada vez mais instável e volátil em virtude da competitividade e da capacidade de ação das empresas e das pessoas. Por outro lado, a estratégia é baseada na proatividade, bem como nas capacidade de antecipar tendências e de escolher a melhor situação futura. Neste último caso, podemos entender que o processo estratégico cria a mudança.

Por isso, um grande desafio para a gestão estratégica é não só reconhecer os mecanismos que provocam a dinâmica de mudanças, mas também perceber que a resistência a tais mudanças faz parte do jogo organizacional. Assim, é fundamental mobilizar esforços para impedir essa resistência, seja pela adequada adaptação ao processo (a chamada *mudança incremental*), seja pelo controle de recursos que dificultam ações que impedem a concretização da mudança.

Questões para revisão

1. Apresente algumas das principais fontes de mudança organizacional e exemplifique-as.

2. Cite as principais fontes de resistência à mudança nas empresas.

3. (FCC – 2012 – TST) Perante resistências à mudança em um órgão público, naturais em grupos que passam pela reorganização da estrutura interna, cumpre inicialmente aos gestores utilizar-se de

   a. meios de pressão, de forma a fazer valer o plano em detrimento de outras posições, combinado à intensa comunicação do produto do processo de mudança.

   b. criação de atmosfera de confiança na mudança, a disponibilidade de apoio e a mostra de urgência para a mudança.

   c. conciliações, de forma a trocar interesses, oferecendo abertura para negociações ou premiando mostras de alinhamento das pessoas em relação ao plano.

   d. investimento em treinamento, capacitando o pessoal a agir dentro dos novos moldes, e premiação de melhores práticas.

   e. capacidade política, de forma a articular apoios que gerem pressão para o convencimento de grupos e indiquem penalidades pela não adesão.

4. (FCC – 2017 – Artesp) Ao assumir uma área que havia passado por dois processos de mudança malsucedidos, o gestor

identificou colaboradores tensos com as novas atribuições. Com medo de errar e mesmo sem conhecer as razões para a implantação do novo sistema de gestão de projetos, os colaboradores ainda tinham dúvidas sobre sua confiabilidade. Frente a essa situação, para consolidar a mudança, é papel do gestor

a. realizar ações de correção do sistema para torná-lo mais confiável.

b. demandar da área de TI explicações sobre a confiabilidade para dirimir dúvidas.

c. apoiar as pessoas na transição, gerando segurança na realização das novas atribuições.

d. buscar junto ao gestor anterior maiores subsídios para saber como agir.

e. intensificar *feedback*, corretivo, para alterar o comportamento de desengajamento e insegurança.

5. Assinale a alternativa **incorreta** sobre mudança organizacional:

a. Refere-se ao processo de transformação, planejada ou não, de elementos das organizações – como estrutura, processos, cultura, práticas, pessoas e tecnologias – ou das ações entre as empresas e o ambiente externo.

b. A mudança organizacional acarreta consequências importantes, positivas ou negativas, para o desenvolvimento das atividades das corporações.

c. A mudança organizacional não apresenta nenhuma relação com a estratégia da empresa.

d. São três as fases da mudança organizacional: estado atual, período de transição e futuro pretendido.

Questão para reflexão

1. Uma empresa decidiu investir na implantação de um novo equipamento em sua linha de produção de móveis. Esse equipamento permitirá diminuir em 20% o tempo de fabricação de um móvel. Contudo, o novo equipamento substituirá alguns funcionários. Considerando esse cenário, reflita e responda à seguinte pergunta: Qual é o principal tipo de resistência à mudança que essa empresa poderia sofrer por parte dos colaboradores?

Estudo de caso

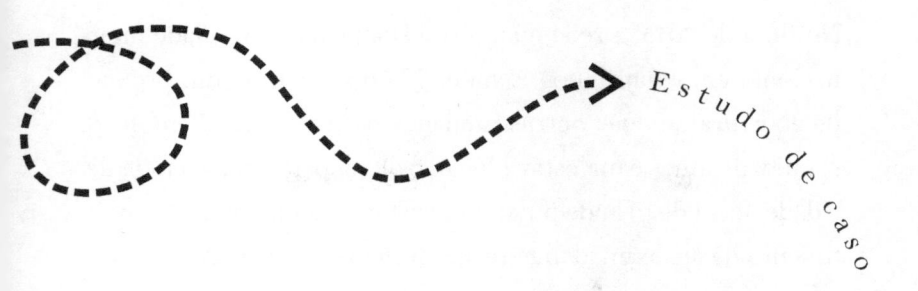

A tentativa de internacionalização de uma rede brasileira de restaurantes

O presente estudo de caso expõe a tentativa de internacionalização de uma rede de restaurantes focada em carnes e hambúrgueres. Essa empresa será denominada, ao longo do texto, de *Rede Alpha*.

A Rede Alpha foi a primeira marca de um grupo empresarial que hoje detém diversas outras marcas no mesmo setor, posicionadas em segmentos diferentes. Ela fabrica e comercializa produtos chamados de *premium*, ou seja, de qualidade superior e a preços de venda mais altos do que os praticados pelas grandes redes de hambúrgueres *fast food* que se estabeleceram no Brasil.

Em 2014, a Rede Alpha cresceu cerca de 120% em relação ao número de unidades do ano anterior. Somente em 2015 foram abertas 19 unidades, e a projeção era finalizar o ano de 2016 com um total de 89 unidades no Brasil.

No final de 2015, a rede inaugurou sua primeira unidade internacional em Miami, nos Estados Unidos, e tinha um projeto de abertura de duas outras unidades na Austrália já em 2016. A unidade americana estava localizada na principal avenida da cidade, local de grande fluxo de turistas, e demandou um investimento de aproximadamente 1,5 milhão de dólares.

Segundo o fundador da empresa, no momento de abertura da unidade, afora as questões de viabilidade financeira, os grandes desafios a serem enfrentados seriam exportar o padrão de qualidade dos produtos servidos e manter o padrão de atendimento das unidades brasileiras. No Brasil, há um restaurante-escola que serve para o desenvolvimento de todos os novos colaboradores.

A busca dos empreendedores brasileiros por Miami se iniciou há alguns anos, principalmente com a crise econômica brasileira. Também despertou o interesse dos empresários o fato de poderem conseguir o *green card*, tornando-se cidadãos norte-americanos.

No caso da Rede Alpha, bem como de outras redes de restaurantes brasileiras, o objetivo foi frustrado. Em meados de 2018, a unidade de Miami foi fechada, e o foco estratégico se voltou para o mercado brasileiro.

Tal decisão ocorreu durante o período de lançamento de três novas marcas do mesmo setor no Brasil. Naquele momento, a rede possuía 120 unidades e tinha previsão de abrir mais 45 unidades ainda naquele ano.

Segundo o portal da revista *Exame*, em reportagem de 23 de julho de 2018 (Fonseca, 2018), o contexto de Miami, caracterizado por praias e uma enorme quantidade de turistas – muitos brasileiros –, esconde um cenário bastante complicado, dominado por grandes concorrentes já estabelecidos, alto investimento, câmbio desfavorável, além da sazonalidade da temporada de turismo. Em contrapartida, há algumas vantagens, como legislação trabalhista mais clara e flexível, além de maior estímulo ao empreendedorismo. Contudo, o saldo ainda é de concorrência pesada.

Assim, fica claro que empreender, principalmente em um mercado desconhecido como o dos Estados Unidos, demanda experiência, capital para investimento e tempo, pois é preciso respeitar a curva de aprendizado de qualquer empreendimento. Foi por isso que a Rede Alpha fracassou em seus objetivos.

Considerações finais

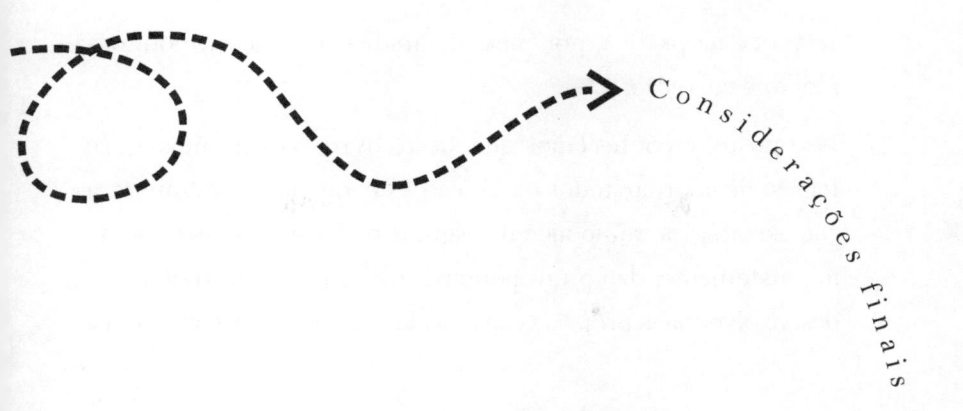

Caro leitor, encerramos esta obra com o sentimento de dever cumprido. Se você chegou a este ponto de nosso texto, esperamos que tenha desenvolvido uma leitura que lhe permita conhecer as várias temáticas envolvidas na administração estratégica.

Trabalhamos os principais temas envolvidos com a estratégia, como as estratégias competitivas e corporativas, os mapas estratégicos, o *Balanced Scorecard* (BSC), os conceitos de competências e recursos, além de mostrarmos como a junção de todos esses elementos possibilita a promoção de uma gestão estratégica eficaz e planejada de um processo de mudança organizacional.

Obviamente, a gestão estratégica não é um tema tão genérico a ponto de ser possível apresentar um passo a passo, como em uma espécie de receita, que possa ser replicado por qualquer empresa, independentemente do lugar e do momento. Pelo contrário, a estratégia está completamente envolvida no contexto que a cerca. Por isso, planejá-la e executá-la é um desafio que se vence na prática, por meio de análise, execução, monitoramento e correção.

Isso posto, reconhecemos que, neste livro, não tivemos a pretensão de abordar todos os aspectos envolvidos na administração estratégica, tampouco de esgotar o assunto. Nosso intento foi, justamente, dar o um pontapé inicial para que você possa desenvolver suas próprias capacidades de trabalhar com o tema.

Referências

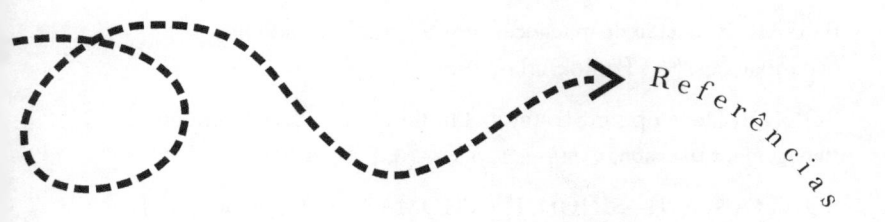

ABRAHAMSON, E. **Mudança organizacional**: uma abordagem criativa, moderna e inovadora. Tradução de Monica Rosemberg. São Paulo: M. Books, 2006.

ANSOFF, H. I. **Estratégia empresarial**. Tradução de Antônio Zoratto Sanvicente. São Paulo: McGraw-Hill, 1977.

ANSOFF, H. I. Strategies for Diversification. **Harvard Business Review**, v. 35, n. 5, p. 113-124, 1957. Disponível em: <http://sgpwe.izt.uam.mx/files/users/uami/sppc/13O/Gestion_y_Control_Estrategico_I/Lectura_10._Ansoff_Igor_Strategies_for_Diversification.pdf>. Acesso em: 29 maio 2020.

BARNEY, J. Firm Resources and Sustained Competitive Advantage. **Journal of Management**, v. 17, n. 1, p. 99-120, 1991. Disponível em: <http://business.illinois.edu/josephm/BA545_Fall%202019/Barney%20(1991).pdf>. Acesso em: 29 maio 2020.

BARNEY, J. Strategic Factor Markets: Expectations, Luck, and Business Strategy. **Management Science**, v. 32, n. 10, p. 1231-1241, Oct. 1986.

BARNEY, J. B.; HESTERLY, W. S. **Administração estratégica e vantagem competitiva**: conceitos e casos. Tradução de Monica Rosemberg. São Paulo: Pearson Prentice Hall, 2007.

BAUER, R. **Gestão da mudança**: caos e complexidade nas organizações. São Paulo: Atlas, 1999.

BONN, I. Developing Strategic Thinking as a Core Competency. **Management Decision**, v. 39, n. 1, p. 63-70, Feb. 2001.

BOWMAN, E. H.; SINGH, H.; THOMAS, H. The Domain of Strategic Management: History and Evolution. In: PETTIGREW, A.; THOMAS, H.; WHITTINGTON, R. (Ed.). **Handbook of Strategy and Management**. London/New York: Sage, 2002. p. 31-51.

BRANDME CONSULTORIA. **O mapa estratégico**. Disponível em: <https://www.brandme.com.br/mapa-estrategico-planejamentoestrategico>. Acesso em: 29 maio 2020.

CAMARGO, R. F. de. Mapas estratégicos e a relação com o planejamento estratégico e o orçamento empresarial. **Treasy**, 22 jan. 2017. Disponível em: <https://www.treasy.com.br/blog/mapas-estrategicos-e-planejamento-empresarial/>. Acesso em: 29 maio 2020.

CERTO, S. C.; PETER, J. P. **Administração estratégica**: planejamento e implementação da estratégia. Tradução de Flavio Deni Steffen. São Paulo: M. Books, 1993.

CLEGG, S.; CARTER, C.; KORNBERGER, M. A "máquina estratégica": fundamentos epistemológicos e desenvolvimentos em curso. **Revista de Administração de Empresas**, v. 44, n. 4, p. 21-31, out./dez. 2004. Disponível em: <https://rae.fgv.br/sites/rae.fgv.br/files/artigos/10.1590_S0034-75902004000400004.pdf>. Acesso em: 16 jun. 2020.

COUTO, B. T. do. **Grupos estratégicos na indústria financeira brasileira**: o efeito do posicionamento estratégico no desempenho dos bancos. 137 f. Dissertação (Mestrado em Administração) – Pontifícia Universidade Católica do Rio de Janeiro, Rio de Janeiro, 2005. Disponível em: <https://www.maxwell.vrac.puc-rio.br/colecao.php?strSecao=resultado&nrSeq=11700@1>. Acesso em: 29 maio 2020.

DE WIT, B.; MEYER, R. **Strategy**: Process, Content, Context: an International Perspective. London: Thomson, 2004.

EIRIZ, V. Proposta de tipologia sobre alianças estratégicas. **Revista de Administração Contemporânea**, v. 5, n. 2, p. 65-90, maio/ago. 2001. Disponível em: <http://www.scielo.br/pdf/rac/v5n2/v5n2a04.pdf>. Acesso em: 29 maio 2020.

FERNANDES, B. H. R.; BERTON, L. H. **Administração estratégica**: da competência empreendedora à avaliação de desempenho. 2. ed. São Paulo: Saraiva, 2012.

FLEURY, A.; FLEURY, M. T. L. **Estratégias empresariais e formação de competências**: um quebra-cabeça caleidoscópico da indústria brasileira. São Paulo: Atlas, 2004.

FLEURY, A.; FLEURY, M. T. L. Construindo o conceito de competência. **Revista de Administração Contemporânea**, v. 5, p. 183-196, 2001. Disponível em: <http://www.scielo.br/pdf/rac/v5nspe/v5nspea10.pdf>. Acesso em: 29 maio 2020.

FONSECA, M. Bye bye, Miami: Madero e Paris 6 fazem as malas; Coco Bambu pisa no freio. **Exame**, 23 jul. 2018. Disponível em: <https://exame.abril.com.br/pme/bye-bye-miami-madero-e-paris-6-fazem-as-malas-coco-bambu-pisa-no-freio>. Acesso em: 29 maio 2020.

GHEMAWAT, P. **A estratégia e o cenário dos negócios**. Tradução de Raul Rubenich. Porto Alegre: Bookman, 2000.

GHEMAWAT, P. Sustainable Advantage. **Harvard Business Review**, v. 64, n. 5, p. 53-58, Sept. 1986.

HARRISON, J. S. et al. Resource Complementarity in Business Combinations: Extending the Logic to Organizational Alliances. **Journal of Management**, v. 27, n. 6, p. 679-690, Dec. 2001.

HITT, M. A.; IRELAND, R. D.; HOSKISSON, R. E. **Administração estratégica**: competitividade e globalização. Tradução de All Tasks. 2. ed. São Paulo: Cengage Learning, 2011.

JOHNSON, G.; SCHOLES, K.; WHITTINGTON, R. **Fundamentos de estratégia**. Tradução de Rodrigo Dubal. Porto Alegre: Bookman, 2009.

KAPLAN, R. S.; NORTON, D. P. **A estratégia em ação**: Balanced Scorecard. Tradução de Luiz Euclydes Trindade Frazão Filho. Rio de Janeiro: Elsevier/Campus, 1997.

KAPLAN, R. S.; NORTON, D. P. **Mapas estratégicos**: convertendo ativos intangíveis em resultados tangíveis. Tradução de Afonso Celso da Cunha Serra. Rio de Janeiro: Elsevier/Campus, 2004.

KASHIMA, M. K. **Estratégia em micro e pequenas empresas**: um estudo de caso em um salão de beleza na cidade de São Paulo. 130 f. Trabalho de Conclusão de Curso (Graduação em Engenharia de Produção) – Universidade de São Paulo, São Paulo, 2015. Disponível em: <http://pro.poli.usp.br/wp-content/uploads/2015/12/TF_2015_MarcosKashima_VF.pdf>. Acesso em: 29 maio 2020.

KRETZER, J.; MENEZES, E. A. A importância da visão baseada em recursos na explicação da vantagem competitiva. **Revista de Economia Mackenzie**, v. 4, n. 4, p. 63-87, 2006. Disponível em: <http://editorarevistas.mackenzie.br/index.php/rem/article/view/790/498>. Acesso em: 29 maio 2020.

LE BOTERF, G. **Desenvolvendo a competência dos profissionais**. Tradução de Patrícia Chittoni Ramos Reuillard. Porto Alegre: Bookman; Artmed, 2003.

LIMA, S. M. V.; BRESSAN, C. L. Mudança organizacional: uma introdução. In: LIMA, S. M. V. (Ed.). **Mudança organizacional**: teoria e gestão. Rio de Janeiro: FGV, 2003. p. 17-63.

LUECKE, R. **Managing Change and Transition**. Boston: Harvard Business Press, 2003.

MARIOTTO, F. L. Mobilizando estratégias emergentes. **Revista de Administração de Empresas**, v. 43, n. 2, p. 78-93, abr./jun. 2003. Disponível em: <https://rae.fgv.br/sites/rae.fgv.br/files/artigos/10.1590_S0034-75902003000100006_0.pdf>. Acesso em: 29 maio 2020.

MENTZER, J. T. et al. Defining Supply Chain Management. **Journal of Business Logistics**, v. 22, n. 2, p. 1-25, 2001. Disponível em: <http://www.aui.ma/personal/~A.Berrado/MGT5309/DEFINING%20SUPPLYCHAIN%20MANAGEMENT_Metzner%20et%20al.%202001.pdf>. Acesso em: 29 maio 2020.

MINTZBERG, H.; AHLSTRAND, B.; LAMPEL, J. **Safári de estratégia**: um roteiro pela selva do planejamento estratégico. Tradução de Lene Belon Ribeiro. 2. ed. Porto Alegre: Bookman, 2010.

MIZUMOTO, F. M.; KOLYA, F. de C.; SCARPARI, H. S. VRIO: ferramenta para a análise da competitividade dos agrodistribuidores. **Agrodistribuidor**, nov. 2011. Disponível em: <http://www.agrodistribuidor.com.br/up_arqs/cont_20111125165406_unib_agrodist_artcompetitividade_2011_10_14.pdf>. Acesso em: 29 maio 2020.

MOZZATO, A. R.; BITENCOURT, C. C.; HEXSEL, A. E. Estratégias organizacionais bem-sucedidas e estratégias em gestão de pessoas: desenvolvendo competências em busca de diferencial competitivo. **Revista de Estudos de Administração**, v. 9, n. 19, p. 145-170, 2009.

OLIVEIRA, R. R.; OLIVEIRA, R. R.; LIMA, J. B. de. Reflexão sobre a relação entre a mudança de cultura organizacional e a gestão do conhecimento. **Perspectivas em Gestão & Conhecimento**, João Pessoa, v. 6, n. 1, p. 19-35, jan./jun. 2016. Disponível em: <https://periodicos.ufpb.br/ojs2/index.php/pgc/article/view/23033/15471>. Acesso em: 29 maio 2020.

OLIVEIRA, U. R. de; ROCHA, H. M. Fusões e aquisições para alavancagem de recursos e otimização da estrutura organizacional. In: SIMPÓSIO DA ENGENHARIA DE PRODUÇÃO, 13., 2006. Bauru. **Anais**... Disponível em: <http://www.simpep.feb.unesp.br/anais/anais_13/artigos/31.pdf>. Acesso em: 29 maio 2020.

OTLEY, D. Performance Management: a Framework for Management Control Systems Research. **Management Accounting Research**, v. 10, n. 4, p. 363-382, Dec. 1999.

PARRY, S. The Quest for Competencies: Competency Studies can Help you Make HR Decision, but the Results are only as Good as the Study. **Trainning**, v. 33, p. 48-56, 1996.

PAULA, G. B. de. **Balanced Scorecard (BSC)**: enxergando sua empresa por novas perspectivas. **Treasy**, 5 dez. 2015. Disponível em: <https://www.treasy.com.br/blog/balanced-scorecard-bsc>. Acesso em: 29 maio 2020.

PAULA, G. B. de. Objetivos e metas SMART: a base para um ótimo planejamento financeiro! **Treasy**, 9 out. 2014. Disponível em: <https://www.treasy.com.br/blog/utilizando-metas-smart-no-planejamento-financeiro-e-gestao-orcamentaria-de-sua-empresa/>. Acesso em: 29 maio 2020.

PETERAF, M. A. The Cornerstones of Competitive Advantage: a Resource-Based View. **Strategic Management Journal**, v. 14, n. 3, p. 179-191, Mar. 1993.

PETTIGREW, A. M. Theoretical, Methodological, and Empirical Issues in Studying Change: a Response to Starkey. **Journal of Management Studies**, v. 24, n. 4, p. 420-426, 1987.

PONTES, L. C. R. **Análise da estratégia do setor supermercadista do Estado do Pará**: uma aplicação do modelo de cinco forças competitivas de Michael Porter. 138 f. Dissertação (Mestrado em Economia) – Instituto de Ciências Sociais Aplicadas, Universidade Federal do Pará, Belém, 2009.

PORTER, M. E. As cinco forças competitivas que moldam a estratégia. **Harvard Business Review**, v. 86, n. 1, p. 78-93, 2008.

PORTER, M. E. **Competitive Advantage**: Creating and Sustaining Superior Performance – With a New Introduction. New York: Free Press, 1998.

PORTER, M. E. **Competitive Strategy**: Techniques for Analyzing Industries and Competitors. New York: The Free Press, 1980.

PORTER, M. E. How Competitive Forces Shape Strategy. In: ASCH, D.; BOWMAN, C. (Ed.). **Readings in Strategic Management**. London: Palgrave, 1989a. p. 133-143.

PORTER, M. E. The Contributions of Industrial Organization to Strategic Management. **Academy of Management Review**, v. 6, n. 4, p. 609-620, 1981.

PORTER, M. E. **Vantagem competitiva**: criando e sustentando um desempenho superior. Tradução de Elizabeth Maria de Pinto Braga. Rio de Janeiro: Elsevier, 1989b.

PRAHALAD, C. K.; HAMEL, G. The Core Competence of the Corporation. **Harvard Business Review**, v. 68, n. 3, p. 79-91, 1990.

RESENDE, E. J. **O livro das competências**: desenvolvimento das competências – a melhor autoajuda para pessoas, organizações e sociedade. 2. ed. Rio de Janeiro: Qualitymark, 2003.

ROBBINS, S. P.; JUDGE, T. A.; SOBRAL, F. **Comportamento organizacional**: teoria e prática no contexto brasileiro. Tradução de Rita de Cássia Gomes. 14. ed. São Paulo: Pearson Prentice Hall, 2010.

RUMELT, R. P. How Much Does Industry Matter? **Strategic Management Journal**, New Jersey, v. 12, n. 3, p. 167-185, Mar. 1991.

SAMUELS, J. M.; WILKES, F. M. **Management of Company Finance**. London: International Thompsom Business, 1996.

SELZNICK, P. **A liderança da administração**: uma interpretação sociológica. Tradução de Arthur Pereira e Oliveira Filho. Rio de Janeiro: FGV, 1972.

SILVA, P. G. da et al. O processo da estratégia sob a visão dos decisores. **Revista Capital Científico**, v. 15, n. 3, p. 42-58, 2017. Disponível em: <https://revistas.unicentro.br/index.php/capitalcientifico/article/download/4764/3389>. Acesso em: 29 maio 2020.

SULL, D.; HOMKES, R.; SULL, C. Why Strategy Execution Unravels – and What to Do about It. **Harvard Business Review**, v. 93, n. 3, p. 57-66, Mar. 2015.

TEECE, D. J.; PISANO, G.; SHUEN, A. Dynamic Capabilities and Strategic Management. **Strategic Management Journal**, v. 18, n. 7, p. 509-533, Aug. 1997.

VALLANDRO, L. F. J.; TREZ, G. Visão baseada em recursos, estratégia, estrutura e performance da firma: uma análise das lacunas e oportunidades de pesquisas existentes no campo da administração estratégica. **Análise**, Porto Alegre, v. 24, n. 1, p. 79-91, jan./abr. 2013. Disponível em: <http://revistaseletronicas.pucrs.br/fo/ojs/index.php/face/article/download/18785/13282>. Acesso em: 29 maio 2020.

VIZEU, F.; GONÇALVES, S. A. **Pensamento estratégico**: origens, princípios e perspectivas. São Paulo: Atlas, 2010.

WEIHRICH, H. The TOWS Matrix: a Tool for Situational Analysis. **Long Range Planning**, v. 15, n. 2, p. 54-66, 1982.

WERNERFELT, B. A Resource-Based View of the Firm. **Strategic Management Journal**, Hoboken, v. 5, n. 2, p. 171-180, Apr./Jun. 1984.

Respostas

Capítulo 1

Questões para revisão

1. Enfoque. Sim, ela pode ser focada em um público específico, como é o caso do público vegetariano, e ainda adotar uma estratégia de liderança em custo ou de diferenciação, dependendo do tipo de público vegetariano que ela escolher atender.

2. Trata-se de uma atividade secundária, pois não vai gerar valor de maneira direta ao cliente, uma vez que este não vai se deparar com o referido *software* em nenhum momento.

3. a
4. c
5. d

---

* Todas as fontes citadas nesta seção constam na lista final de referências.

Questões para reflexão

1. Em uma primeira análise, o público-alvo seria muito amplo, o que demandaria uma gama muito maior de produtos ou serviços. Outro aspecto diz respeito aos ganhos de escala. Uma empresa que se propõe a liderar em custo busca sempre obter ganhos de escala, vendendo em grandes quantidades para poder comprar em maiores quantidades e, assim, obter custos menores, a fim de vender com um preço menor. Um serviço agregado em uma empresa que busca escala normalmente é mais rápido e menos atencioso com o cliente. Em diferenciação, as margens são maiores, permitindo o uso de matérias-primas mais caras e a prestação de serviços mais personalizados, os quais custam mais caro e, por consequência, têm um mercado menor.

2.
   a. O poder de barganha dos clientes, pois qualquer pressão ou decisão de um grande comprador que adquire 60% dos produtos vendidos pela empresa afeta drasticamente os rumos da organização.

   b. A rede de lojas poderia agir de formas diferentes: por exemplo, se o grande cliente decidisse pagar em um prazo maior, a fábrica de móveis teria uma necessidade maior de capital de giro. Se a rede de lojas resolvesse parar de comprar, a fábrica teria muita dificuldade de repor os 60% de mercado com outros clientes. Para tentar diminuir o poder de barganha do grande cliente, a fábrica de móveis poderia assinar um contrato que visasse garantir uma relação mais estável com ele.

Além disso, também seria possível tentar aumentar o mercado, a fim de diminuir a participação da rede de lojas no total do faturamento.

Capítulo 2

Questões para revisão

1.

- Alianças estratégicas – Nem sempre os processos de diversificação corporativa estão ligados à abertura ou à aquisição de unidades de negócios fornecedoras de insumos ou serviços da cadeia de valor. Existem diversas formas de se diversificar: processos de cooperação – formais e informais –, aquisições, fusões, *joint ventures* e participações acionárias, entre outras possibilidades, as quais são classificadas como alianças estratégicas. Ainda quanto aos tipos de alianças estratégicas, é possível identificar três tipos de cooperação que desencadeiam alianças com características específicas: cooperação comercial, cooperação técnica ou de produção e cooperação financeira.

- Grupo de exportadores – Trata-se do conjunto de empresas do mesmo setor que cooperam entre si para o desenvolvimento dos mercados externos. A cooperação dá-se em diferentes atividades: realização de estudos nos mercados externos, participação conjunta em feiras, publicidade, entre outras. Além das economias de escala desenvolvidas, uma das suas principais vantagens é a possibilidade de o grupo poder oferecer uma gama de produtos mais larga.

- Acordo de distribuição – Estabelece-se geralmente entre uma empresa produtora de bens finais e outra empresa que possui domínio ou presença nas redes de distribuição do produto ao consumidor final. Nesse caso, o distribuidor acede ao produto do produtor e este acede a um ou a vários canais de distribuição.

- Acordo de representação – Verifica-se quando uma empresa se torna a representante dos produtos e das marcas da outra empresa para determinado mercado. O acordo de representação distingue-se da franquia porque envolve um menor nível de integração entre os aliados. Ou seja, ao contrário da franquia, o acordo de representação nem sempre obriga à exclusividade da marca e, por outro lado, pode incluir ou não a distribuição do produto.

- Central de compras – A aliança estratégica estabelece-se de forma a facilitar o acesso das empresas participantes aos seus *inputs* fundamentais. Por norma, as empresas são do mesmo setor e têm as mesmas necessidades de matérias-primas ou outras. Por meio da cooperação na compra, elas podem desenvolver economias de escala e adquirir maior poder negocial com os fornecedores, com repercussões não só em termos de preços, mas também de qualidade, condições de pagamento e condições de entrega.

- Franquia – Ocorre quando uma empresa (franqueador) concede à outra (franqueado) o direito de explorar uma marca, produto ou técnica de sua propriedade num determinado mercado mediante determinadas condições contratuais. Essas condições envolvem contrapartidas financeiras e o cumprimento de procedimentos de gestão e políticas de *marketing*.

- Assistência comercial – Ocorre quando uma empresa estabelece um acordo no sentido de poder externalizar a definição e, sobretudo, a implementação das suas políticas de *marketing*. Desse modo, a empresa concentra as suas competências em outras atividades, como inovação tecnológica dos processos de produção e desenvolvimento de novos produtos, deixando ao parceiro a tomada de algumas decisões comerciais.

- Consórcio – Estabelece-se entre duas ou mais empresas que apresentam capacidades e competências susceptíveis de poderem ser complementadas no desenvolvimento de um projeto técnico de grande envergadura e duração no tempo (por exemplo, construção de uma autoestrada ou ponte).

- Formação e/ou assistência técnica – Estabelece-se um acordo entre duas ou mais empresas por meio do qual poderão ser ultrapassadas determinadas lacunas tecnológicas.

- Subcontratação – Uma empresa (contratante) subcontrata à outra (subcontratada) uma parte do seu processo de produção.

- Acordo de produção conjunta – Duas ou mais empresas produzem conjuntamente os mesmos produtos para satisfazer necessidades de mercado às quais não conseguiriam responder individualmente por falta de capacidade.

- Acordo de investigação e desenvolvimento – Ocorre em setores nos quais a atividade de investigação e desenvolvimento de novos produtos e processos assume um peso muito importante.

- Licenciamento de patentes – Aliança estratégica por meio da qual uma empresa (concessionária) concede à outra (licenciada) os direitos de exploração de uma patente, um produto ou um processo de fabricação mediante uma compensação, geralmente de caráter financeiro.

- Aquisição de empresa – Uma empresa adquire uma posição majoritária no capital de outra empresa.

- Participação minoritária em empresa – Verifica-se quando uma empresa adquire uma posição inferior a 50% do capital de outra empresa.

- *Joint venture* – Verifica-se quando duas ou mais empresas constituem uma nova entidade em que as empresas originais continuam existindo e se tornam sócias da nova empresa.

- Fusão – Representa o grau máximo de integração de duas ou mais empresas, que decidem fundir suas estruturas de capitais numa única entidade.

2. O principal desafio da internacionalização de empresas são as questões culturais envolvidas. Diferenças de uma cultura para outra geram desafios para a implantação das parcerias. Costumes individuais e de sociedades inteiras, aspectos relacionados a religiões, dificuldades com os idiomas, entre outros aspectos, costumam gerar atritos e desafiar o sucesso da internacionalização de empresas.

3. d

4. c

5. a

Questões para reflexão

1.
   a. Seria uma integração vertical, pois a empresa passaria a cuidar de uma parte da logística que antes era terceirizada.

   b. O principal ponto positivo seria o aumento do controle sobre a gestão dos portos, uma etapa bastante relevante para o sucesso da empresa e que, no Brasil, ainda sofre com a burocratização e a falta de eficiência. O principal ponto negativo seria o desafio de incorporar um novo negócio complexo e que até aquele momento não fazia parte do portfólio da empresa.

2.
   a. Questões culturais afetam diretamente a produção de alimentos para o mercado do Oriente Médio. Os muçulmanos compram carnes cujo abate se dá por

meio de uma operação que segue critérios específicos. Portanto, nem todas as empresas brasileiras estariam aptas a exportar para essa região.

b. Um dos pontos positivos seria a abertura de um mercado bastante populoso e localizado em uma região em que existem dificuldades para a criação de animais para a alimentação. Por outro lado, como ponto negativo, seria necessário promover uma adequação na fábrica e em diversas práticas produtivas para que se tornasse possível atender às demandas culturais da região.

Capítulo 3

Questões para revisão

1. Perspectiva financeira – É a primeira a ser planejada, pois os objetivos financeiros são os principais delineadores dos objetivos das outras perspectivas. Os principais objetivos financeiros das organizações consistem no crescimento das receitas, dos lucros e do valor das empresas. Segundo Kaplan e Norton (1997), os resultados financeiros não devem ser analisados isoladamente, pois dependem do estágio em que a organização se encontra em seu ciclo de vida. Os autores definiram três principais fases: crescimento, sustentação e colheita.

    Perspectiva dos clientes – Trata dos objetivos relacionados ao mercado, ou seja, do relacionamento com os clientes. Seus principais objetivos estratégicos dizem respeito ao crescimento de mercado ou à diversificação. Essa perspectiva é de suma importância para a perspectiva financeira, pois são as negociações comerciais do mercado que gerarão os resultados financeiros esperados na outra perspectiva.

Perspectiva dos processos internos – Diz respeito aos processos operacionais internos da empresa. Nessa perspectiva, busca-se identificar as maneiras de se desenvolver a operação da empresa a fim de prover as demandas de atendimento das necessidades dos clientes, reconhecidas na perspectiva anterior, as quais, por sua vez, darão sustentação ao alcance dos objetivos financeiros iniciais.

Perspectiva de aprendizagem e crescimento – Definidos os objetivos estratégicos nas perspectivas financeira, dos clientes e dos processos internos, devem-se desenvolver as competências necessárias ao alcance de tais objetivos. Para tanto, os indivíduos envolvidos nos processos organizacionais são importantíssimos e, por isso, precisam se aperfeiçoar.

2. Um bom mapa estratégico é capaz de demonstrar todos os objetivos estratégicos definidos para cada perspectiva, bem como seus indicadores, suas metas e as iniciativas relacionadas.

3. b
4. d
5. d

Questão para reflexão

1. Com base no exposto no enunciado da questão, os objetivos da perspectiva financeira são diminuir os custos com matéria-prima e aumentar as receitas. Assim, os objetivos relacionados às outras perspectivas poderiam ser:

    - na perspectiva dos clientes, promover a abertura a novos mercados;

    - na perspectiva dos processos internos, aperfeiçoar processos produtivos e desenvolver novos produtos;

    - na perspectiva de aprendizagem e crescimento, treinar a equipe da produção para aperfeiçoar os processos e treinar a equipe de *marketing* para o desenvolvimento de novos produtos.

Capítulo 4

Questões para revisão

1.
    - Esclarecimento e tradução da visão e da estratégia – estratégia como ponto de referência para todo o processo de gerenciamento; visão compartilhada como base para o aprendizado estratégico.

    - *Feedback* e aprendizado estratégico – sistema de *feedback* para testar as hipóteses nas quais a estratégia se baseia; solução de problemas por meio de equipes; processo contínuo de desenvolvimento da estratégia.

- Comunicação e vinculação – educação e comunicação; alinhamento de metas do topo à base; sistema de recompensas ligado à estratégia.

- Planejamento e estabelecimento de metas – metas estratégicas estabelecidas e aceitas; iniciativas estratégicas alinhadas; alocação de recursos; orçamentos anuais ligados a planos de longo prazo.

2. Todo BSC deve apresentar:

    - objetivos estratégicos balanceados entre as perspectivas definidas, pois, apesar de continuar sendo o foco da empresa, ter clareza apenas dos objetivos estratégicos da perspectiva financeira dificulta a execução das tarefas que deverão ser implementadas em outras perspectivas;

    - clareza das relações de causa e efeito e entre os objetivos estratégicos das diversas perspectivas estratégicas determinadas no processo de elaboração do BSC.

3. b
4. a
5. d

Questão para reflexão

1. Considerando o enunciado da questão, um plano de implementação de estratégia para a empresa fabricante de cerveja artesanal pode conter os mesmos elementos apresentados no Quadro 4.4, o qual apresentamos novamente a seguir, na íntegra.

Exemplos de iniciativas no BSC

Perspectiva	Objetivos	Indicadores	Metas	Iniciativas
Financeira	Aumentar receitas	Receitas brutas/ Demonstrativos financeiros	Aumentar em 10% a receita líquida de 2020 em relação à de 2018	Investir em pesquisa e desenvolvimento
Dos clientes	Aumentar o *ticket* médio dos pedidos	Valor das notas fiscais de vendas de mercadorias	Aumentar em 10% o *ticket* médio de pedidos dos clientes até 2020	Criar combos de produtos que levem os clientes a fazer compras maiores
	Ampliar o número de potenciais clientes	Número de notas fiscais emitidas para clientes de primeira compra	Abrir 3% de clientes novos em cada um dos próximos anos	Melhorar o *mix* de produtos da empresa

(continua)

(conclusão)

Perspectiva	Objetivos	Indicadores	Metas	Iniciativas
Dos processos internos	Desenvolver pacotes promocionais de produtos que incentivem pedidos maiores	% de vendas de *kits* promocionais perante o total de vendas da empresa	Alçar a venda de *kits* promocionais a pelo menos 5% do total de vendas até 2020	Criar promoções de combos que visem aumentar os pedidos dos clientes Incluir novos produtos nos pedidos dos atuais clientes
	Investimento em P&D para o desenvolvimento de novos produtos.	% de vendas de novos produtos perante o total de vendas da empresa	Alçar a venda de novos produtos a pelo menos 5% do total de vendas até 2020	Lançar produtos capazes de alcançar novos clientes
De aprendizado e crescimento	Desenvolver as equipes de P&D e de *marketing* e publicidade	Número de certificados de treinamentos dos colaboradores Número médio de horas investidas em treinamentos pelos funcionários	Adquirir internamente todas as competências necessárias para as equipes de P&D e de marketing e publicidade até o final de 2018	Desenvolver parceria com universidade da região Contratar serviço de treinamentos *on-line*

Capítulo 5

Questões para revisão

1.

- Competências individuais – Como indica a nomenclatura, são as competências dos indivíduos. Nesse sentido, a definição mais básica de *competência* está relacionada às pessoas. Para Fleury e Fleury (2001, p. 188), competência é "um saber agir responsável e reconhecido, que implica mobilizar, integrar, transferir conhecimentos, recursos e habilidades, que agreguem valor econômico à organização e valor social ao indivíduo".

- Competências organizacionais básicas – Em sua forma mais básica, as competências organizacionais estão relacionadas às funções organizacionais, como produção, logística, vendas e *marketing*, além das atividades-chave, esperadas de cada unidade de negócios da empresa. As competências organizacionais básicas se relacionam com os conhecimentos, as habilidades e as atitudes fundamentais necessárias para as organizações funcionarem. Por serem básicas, essas competências são extremamente importantes para que as empresas se mantenham em funcionamento, mas não garantem, por si sós, competitividade em um mercado concorrido.

- Competências essenciais (*core competences*) – As competências essenciais, ou *core competences*, foram apresentadas pelos autores Prahalad e Hamel (1990) como aquelas responsáveis pela sobrevivência das organizações. Segundo os autores, são as competências essenciais para o desenvolvimento das atividades relacionadas ao crescimento e à manutenção da competitividade das empresas. Essas competências são essenciais porque levam as organizações a alcançar vantagem competitiva.

- Competências distintivas – São também competências essenciais ao funcionamento da organização, mas que, além de essenciais, diferenciam a organização de seus concorrentes.

2. Para ser fonte de vantagem competitiva, um recurso deve ter valor, ser raro, ser difícil de imitar e estar organizado para ser utilizado pela empresa.

3. d

4. a

5. b

Questões para reflexão

1. Sim. A patente de um produto, por haver controle legal, além de seu valor, apresenta garantias para que ele se mantenha raro, difícil de ser imitado e, ainda, estar organizado na empresa.

2. A Kodak é conhecida internacionalmente por ainda hoje deter milhares de patentes de produtos ainda não lançados. Suas patentes geravam as principais características dos recursos fontes de vantagens competitivas, como valor,

raridade e dificuldade de imitação. Contudo, a empresa não apresentava organização em seus recursos, ou seja, eles não estavam sendo explorados e muitos deles acabaram se tornando obsoletos.

Capítulo 6

Questões para revisão

1. Segundo Robbins, Judge e Sobral (2010), as principais fontes ou forças para haver mudança nas organizações e seus respectivos exemplos são:

    - Mão de obra – alteração na expectativa de vida da população; processos imigratórios em grande escala.

    - Tecnologia – aperfeiçoamento da robótica; desenvolvimento da computação em nuvem; expansão das redes sociais.

    - Aspectos econômicos – crises financeiras mundiais; programas de financiamento governamentais; mudança nas taxas de juros.

    - Competição – movimentos de grandes fusões; abertura para a entrada de concorrentes estrangeiros.

    - Aspectos sociais – mudanças no comportamento do consumidor; alteração na expectativa de vida da população.

    - Aspectos políticos – escândalos de corrupção nacionais; acordos comerciais internacionais; mudança de legislação tributária nacional.

- Aspectos internacionais – acordos comerciais internacionais; embargos econômicos internacionais.

2.
- Desconfiança quanto à capacidade do gestor que executará a mudança.
- Atividades enraizadas na organização.
- Receio da perda de *status* na nova configuração.
- Receio dos resultados em virtude de experiências anteriores.
- Desconfiança quanto à própria capacidade no novo modelo.

3. b

4. c

5. c

Questão para reflexão

1. Entre os principais tipos de resistência à mudança listados no capítulo, o exemplo ilustrado na questão se enquadra em receio da perda de status na nova configuração, que se refere a um medo concreto de se tornar irrelevante no novo modelo. Tal movimento ocorre especialmente nos casos de implantação de novas ferramentas que substituem a mão de obra humana, tanto por parte dos colaboradores que serão substituídos diretamente pelo equipamento quanto por iniciativa de outros *stakeholders* que deixarão de ter o *status* anterior.

Sobre os autores

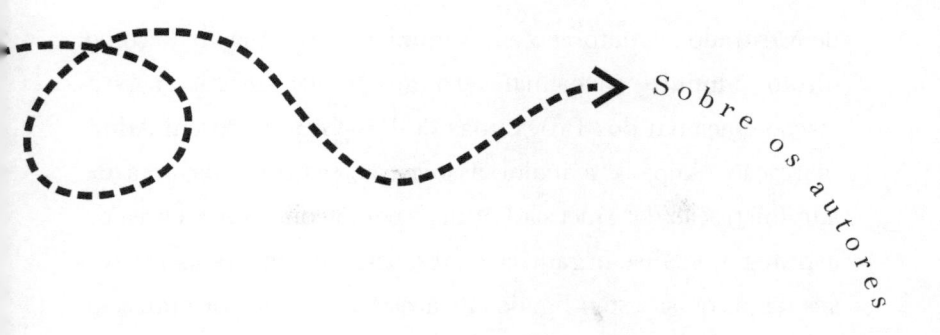

Moriel Savagnago é bacharel, mestre e doutor em Administração de Empresas pela Universidade Positivo, além de especialista em Engenharia e Inovação pelo UniSEB (Ribeirão Preto-SP). Foi professor em diversos cursos preparatórios para concursos públicos. Atualmente, é professor do programa de pós-graduação e da graduação nos cursos de Negócios e Engenharia de Produção da Universidade Positivo. Sua carreira corporativa foi construída como empresário/empreendedor ao longo dos últimos 15 anos, tendo sido o sócio responsável pela área de produção e logística em uma distribuidora atacadista de autopeças. Também é sócio e responsável pelas áreas de planejamento estratégico e finanças em uma empresa de tecnologia da informação. Atua em projetos de comércio eletrônico e implantação de *software* de gestão para empresas do setor de manutenção automotiva e comércio de autopeças.

Fábio Vizeu é doutor em Administração de Empresas pela Fundação Getulio Vargas (FGV). É professor da Universidade Positivo, onde exerce a função de coordenador adjunto do Programa de Mestrado e Doutorado em Administração. Atua ainda como diretor administrativo-financeiro (gestão 2018-2020) da Associação Nacional dos Programas de Pós-Graduação em Administração (Anpad), a maior associação científica da área de administração da América Latina, e como consultor na área de estratégia, análise organizacional e comunicação. Seus interesses de pesquisa estão ligados às áreas de estudos organizacionais e estratégia, com ênfase nos seguintes temas: história da administração; estudos críticos em administração; liderança, comunicação e discurso. Tem diversas publicações em periódicos qualificados pelo sistema Qualis/Capes, além de livros e vários capítulos publicados em obras da área. Também participa de programas de rádio como comentarista na área de administração e comportamento organizacional, bem como ministra palestras sobre seus interesses de pesquisa em instituições de ensino superior e órgãos públicos.

Os papéis utilizados neste livro, certificados por instituições ambientais competentes, são recicláveis, provenientes de fontes renováveis e, portanto, um meio responsável e natural de informação e conhecimento.

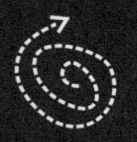

FSC
www.fsc.org
MISTO
Papel produzido
a partir de
fontes responsáveis
FSC® C103535

Impressão: Reproset
Agosto/2020